KB119657

오티움 *ótĭum*

"세계에서 가장 위대한 건
나답게 되는 법을 아는 것이다."

– 미셸 드 몽테뉴 Michel De Montaigne

살아갈 힘을 주는 나만의 휴식

오티움 *ótĭum*

문요한 지음

위즈덤하우스

오티움의 세계에 오신 것을
환영합니다

나는 왜 이 책을 쓰게 되었을까? 아마 2013년 가을이었던가 보다. 어깨가 축 처진 중년 남자가 상담실을 찾았다. 40대 중반의 그는 회사의 인원 감축 대상에 포함돼 계속 퇴직을 종용받고 있었다. 그러나 무턱대고 회사를 그만둘 수는 없었다. 아내는 집안 사정을 생각해 최대한 버텨주기를 바랐다. 하지만 회사는 점점 일을 주지 않았다. 결국 소속된 팀도 없고, 하는 일도 없이 책상에 앉아 있는 게 그의 일과였다. 죽을 맛이었다. 그 모멸감과 참담함을 가눌 수가 없어 상담실을 찾아온 것이다.

그는 나에게 버티도록 도와달라고 했다. 그러나 상담과 약물치료를 병행해도 별다른 차도가 없었다. 그가 힘들어한 만큼 나도 답답했다. 그러던 어느 날 그는 예약을 취소한 후로 병원을 찾지 않았다. 나는 그를 까마득히 잊었다. 아마 1년 정도 지났을까? 어떤 행사장에서 우연히 그를 만났다. 그가 먼저 인사를 해왔다. 그동안 무슨 일이 있었는지 얼굴빛이 한결 좋아져 있었다. '혹 다른 회사로 취업이 된 걸까?' 궁금했다. 이야기를 들어보니 그 회사를 아직도 다니고 있었다. 그런데 달라진 게 하나 있었다.

"여전히 꾸역꾸역 그 회사에 나가고 있습니다. 변화가 있다면 주말마다 공방에 나가고 있는데요, 그게 힘이 된 것 같네요."

그는 상담을 그만두고 난 뒤로 산책을 많이 다녔다고 한다. 집에 가만히 있으면 미칠 것 같던 그의 마음이 걸으면 그나마 좀 진정이 되었다. 어느 날 산책 길에서 쉬다가 우연히 손가락의 흉터가 눈에 들어왔다. '언제 생겼더라?' 기억을 더듬어보니 어린 시절의 추억이 떠올랐다. 초등학교 저학년 때였다. 그의 집은 목공소 근처였는데, 목공소 옆에는 늘 폐자재가 쌓여 있었다. 그곳은 동네 아이들의 놀이터였다. 매일 나무로 총칼을 만들면서 해가 지는 것도 모른 채 뛰어놀았다. 흉터는 그 시절에 줄톱으로 나무를 자르다가 깊게 베인 상처의 흔적이었다. 그때의 추억을 떠올리는 것만으로도 가슴이 훈훈해졌다. 그 시절은 그에게 가장 아름답고 행복했던 시간이었다.

그 시절을 떠올리자 그는 문득 나무로 무언가를 만들고 싶어졌다. 곧장 생활 가구를 만드는 공방을 알아보았다. 첫 느낌부터 좋았다. 그 뒤로는 주말이면 하루 종일 공방에서 지냈다. 공구를 잡고 나무를 만지는 시간만큼은 회사 생활을 잊을 수 있었다. 종종 자신도 잊어버렸다. 그 시간이 그에게는 사막의 오아시스 같은 숨 쉴 틈을 주었다. 그는 자신이 만든 것을 소셜미디어에 올렸고 사람들의 반응은 생각보다 좋았다. 심지어 선물용으로 구입하고 싶다며 관심을 보이는 사람들도 하나둘씩 늘어나기 시작했다. 막막하기만 했던 두려움과 답답함이 조금씩 가셔나갔다. 그에게 상담이나 약물보다 더 좋은 치료제는 '목공예'였던 것이다.

짧은 만남이었지만 그를 통해 치유란 무엇인지를 다시 생각하게 되었다. 나는 오랜 시간 불행과 고통 속에 빠져 있는 많은 사람을 만나왔다. 한동안 그들이 삶에서 겪은 고통이 다른 사람들보다 크다고 생각했다. 그러나 돌아보면 늘 그런 것은 아니었다. 고통이 커서라기보다 그 고통을 위로할 능력이 없는 사람들이 많았다. 그들은 고통받는 자신을 위로하기는커녕 고통을 더 큰 고통으로 만드는 데 익숙했다. 그 역시 처음 만났을 때는 마찬가지였다. 자신의 무능함에 치를 떨었고 자기 비하를 멈추지 못했다. 그러나 목공예를 통해 스스로를 위로하고 현실을 헤쳐갈 힘을 되찾아가고 있었다.

그와의 짧은 재회가 많은 생각을 불러일으켰다. 그는 나에게 **치유란 고통이 줄어드는 게 아니라 활기를 되찾는 것**임을 깨닫게 해주었고, 능동적 여가 활동은 그 통로가 될 수 있음을 보여주었다. 이후 나는 사람들을 만날 때마다 여가를 주제로 이야기를 나누었다. 다양했다. 딱히 TV 시청을 빼면 여가 활동이라고 할 만한 게 없는 사람에서부터 도대체 일은 언제 하는지 신기할 만큼 많은 여가 활동을 즐기는 사람들도 있었다. 무엇 하나 꾸준히 못하는 이들도 있지만, 점점 깊이를 갖춰가며 능동적으로 여가 활동을 하는 이들도 많았다. 나는 그들을 만날 때마다 이런 질문을 던졌다.

"왜 굳이 마흔이 넘어서 발레를 배웁니까?"

"왜 로스팅한 원두를 사면 되는데 시간을 들여가며 생두를 볶습니까?"

"왜 더 예쁜 옷을 살 수 있는데 일일이 옷을 만들어 입습니까?"

"왜 일이 끝나고 피곤할 텐데 집에 가지 않고 색소폰을 연주합니까?"

"왜 이 추운 겨울에 칼바람을 맞으며 자전거를 탑니까?"

"왜 전공자도 아닌데 잠자는 시간을 아껴 철학책을 봅니까?"

"왜 사지 않고 직접 굳은살 박이도록 땅을 파고 화초와 야채를 가꿉니까?"

"야생화가 뭐라고 그 험한 오지까지 가서 사진을 찍습니까?"

"왜 주말에 쉬지 않고 유기 동물을 돌보는 봉사활동을 합니까?"

사람들의 대답은 간명했다. "좋아서요!"라고 이구동성으로 답한다. 사실 그 대답 외에 어떤 말이 필요하겠는가! 나는 그들과 이야기할 때마다 자신이 좋아하는 활동을 말하며 나를 바라보던 그 눈빛을 잊지 못한다. 마치 사랑에 빠진 사람들의 눈빛 같다고나 할까. 반짝거린다. 그렇게 보면 '사랑하고 좋아서'라는 것만큼 확실

하고 순수純粹한 동기는 없다. 순수란 말 그대로 다른 것의 섞임이 없는 상태를 말한다. 그 행위 자체가 목적이지 또 다른 의도가 없다. 즉, 그들이 능동적으로 여가 활동을 하는 이유는 보상이나 결과 때문이 아니라 '활동 자체가 주는 기쁨' 때문이다. 이러한 순수한 동기에 의해 움직일 때 우리는 외부의 보상이나 위협에 쉽사리 농락당하지 않고 깊은 위로와 행복을 느낀다.

그렇기에 그들에게 여가 활동이란 '놀이'다. 그들은 어른의 놀이를 즐기고 있었다. 그들의 눈빛이 살아 있고, 삶에 활기가 도는 이유는 제대로 놀 줄 알기 때문이다. 나는 그들을 만나면서 능동적인 여가 활동의 중요성을 깨닫게 되었고 이를 한마디 말로 표현하고 싶어졌다. 그냥 '여가餘暇'라는 말로 한통치는 것은 일종의 모독이라는 생각이 들었다. 남는 시간에 하는 활동이라니! 그들은 남는 시간이 아니라 시간을 내어 정성껏 활동하는 사람들이었다. 능동적인 여가 활동에 걸맞은 아름다운 언어를 붙여주고 싶었다. 그러다가 '**오티움**ótīum'이라는 라틴어를 운명적으로 만났다.

이 말은 크게 세 가지 뜻으로 사전에 담겨 있다. 첫째, '여가'. 둘째, '은퇴 후 시간' 그리고 셋째 '학예 활동'이다. 고대의 학예 활동이란 시 짓기, 공부하기, 토론하기, 연주하기, 감상하기 등을 말한다. 즉, 오티움은 한가한 시간을 의미하기도 했지만 한편으로는 '배움을 즐기는 여가 시간'을 의미했다. 이는 소극적인 휴식을 넘어 자신을 재창조re-create하는 능동적인 휴식이라고 할 수 있다. 나는 이 책에서 오티움을 세 번째 뜻에 국한하여 사용한다. 즉, 이 책에서 말하는 오티움은 **'내적 기쁨을 주는 능동적 여가 활동'**을 말한다. 이는 일종의 '어른의 놀이'라고 할 수 있다. 어떤 이득이나 책임 때문이 아니라 말 그대로 하고 싶어서 하는 활동이기 때문이다.

다만 슬렁슬렁하는 여가 활동이 아니라 배움과 난이도가 있는 여가 활동을 말한다. 그렇기에 오래 지속할 수 있다. 오티움은 우리가 단순히 생각하는 취미 활동만을 포함하지 않는다. 이 책에서는 일반적인 취미의 개념을 확장해 봉사, 운동, 공부, 영성 활동까지도 여가의 영역으로 포함했다. 일 이외의 시간에서 그 활동 자체로 기쁨을 느낄 수 있고 점점 깊이를 갖춘다면 굳이 그 대상을 가리지 않았다. 어떤 이론이 중요한 게 아니라 보다 많은 사람을 능동적 여가 활동으로 안내하고 싶어서였다.

우리 시대가 불행한 이유 중의 하나는 '나'의 중요성은 점점 커지지만, 정작 나를 채우는 내용물은 빈약하기 때문이다. 신종 코로나바이러스에 의한 팬데믹은 이를 여실히 드러내 보였다. 많은 사람은 코로나 블루를 앓았다. 그것은 꼭 감염에 대한 공포나 경제적 어려움 때문만은 아니었다. 갑자기 주어진 많은 시간을 어떻게 보내야 할지 몰라서였다. 사람들은 모처럼 사회적 활동에서 벗어나 자신에게 집중하기보다 우울함과 답답함을 느꼈다.

인류 역사상 '나'라는 존재가 가장 부각되는 시대이지만 여전히 나와 마주하는 것은 낯설 뿐이다. 과연 나다운 것은 무엇일까? 어떻게 자기 인생을 살아갈 수 있을까? 너무 막막하다. 특히, 일과 관계에서 나다움을 찾기란 여간 어려운 것이 아니다. 그에 비해 여가는 다르다. 여가는 기본적으로 나의 시간이다. 자기 세계를 만들어가고자 하는 이들은 우선 여가의 영역에서부터 자신이 좋아하고 사랑하는 것들로 채워나가야 한다. 나는 능동적 여가를 즐기는 많은 사람을 만나면서 이 여가의 시간이야말로 행복, 기쁨, 창조성, 몰입, 알아차림, 자존감 등 수많은 긍정적 심리자원을 길러내는 삶의 터전임을 깨닫게 되었다. 그런데도 많은 사람은 여가를 외면하고 엉뚱한 곳에서 '나'를 찾으려고 한다.

여가에 대한 홀대는 심리학도 예외가 아니다. '여가학'이라는 학문은 오랜 시간 동안 체육학이나 관광학의 한 분야로 다루어졌을 뿐 심리학에서는 별다른 관심이 없었다. 그러나 이제는 달라져야 한다. 세상은 고령화와 과학기술의 발달로 인해 일 중심의 사회에서 여가 중심의 사회로 옮겨가고 있다. 어떤 일을 하느냐 만큼 어떤 여가 활동을 하느냐가 그 사람의 정체성을 드러내는 시대가 되어가고 있다. 이 시대에 여가는 새롭게 재조명되어야 한다. 그런 면에서 이 책은 '여가의 심리학'이라고도 할 수 있다. 다만 나는 지식의 전달자가 아니라 능동적 여가의 길잡이이기를 원한다.

오롯이 자신을 만나고 일상의 기쁨을 느낄 수 있는 오티움의 세계로 당신을 안내하고 싶다. 이를 위해서 능동적 여가를 즐기는 많은 사람이 어떻게 오티움을 만났고 이를 통해 어떤 변화가 생겨났는지 그 생생한 이야기를 담아내고자 했다. 만약 당신이 이 책을 보면서 가슴이 설레고, 자신의 삶에도 적용할 수 있을 것 같은 느낌을 받는다면 그것은 온전히 인터뷰에 응해준 많은 분들 덕분이다. 나는 이 책이 부디 당신에게 오티움으로 자라날 하나의 씨앗이 되기를 바란다. 모든 게 불확실하고 뜻대로 되지 않는 인생에서 내가 만들어내는 작은 기쁨이 있다면 그래도 삶은 살 만하지 않을까.

2020년 여름

1장

지금 우리에게
오티움이 필요한 이유

"오늘 행복한 나를 만나다"

1

별사탕을 먼저 먹을까,
건빵을 먼저 먹을까?

대부분의 사람은 삶을 마치 경주라고 생각하는 듯해요. 목적지에 빨리 도달하려고 헉헉거리며 달리는 동안 주변에 있는 아름다운 경치는 모두 놓쳐버리는 거예요. 그리고 경주가 끝날 때쯤엔 자기가 너무 늦었다는 것을 알게 되고, 목적지에 빨리 도착하는 건 별 의미가 없다는 것을 알게 되지요. — 진 웹스터의 《키다리 아저씨》 중에서

별사탕과 건빵

나에게는 아들이 둘 있는데 오래전 아이들과 건빵을 먹은 적이 있다. 두 아이는 건빵을 먹는 순서가 정반대였다. 첫째는 팍팍한 건

빵을 목이 메듯 다 먹고 나서 마지막에 별사탕을 하나씩 먹었다. 그에 비해 둘째는 별사탕을 먼저 다 먹었다. 그러고는 나중에 형을 부러운 눈으로 쳐다보며 건빵을 먹었다. 형은 냉정했다. "그러게 누가 처음에 다 먹으래!" 그 일상의 한 장면에서 나는 거창하게도 인생을 떠올렸다.

삶에도 늘 해야 하는 일과 하고 싶은 일이 있다. 출근, 과제, 회의, 빨래, 보고서 작성, 쓰레기 버리기, 건강검진, 정리 정돈 등 일상은 늘 해야 하는 일로 가득 채워져 있다. 우리는 해야 하는 일과 하고 싶은 일, 이 둘 사이에서 늘 갈등한다. 어떤 사람들은 오늘의 행복을 위해 지금 하고 싶은 일을 하라고 하고, 어떤 사람들은 내일의 행복을 위해 지금 해야 할 일을 먼저 하라고 한다. 다 나름의 이유가 있다. 이 말을 들으면 이 말이 맞는 것 같고, 저 말을 들으면 저 말이 맞는 것 같다. 어떤 선택을 해야 할까? 그런데 이 선택 상황에는 전제가 필요하다. 오늘을 참고 견디면 내일은 꼭 행복할 수 있다는 보장이 있어야 한다.

팍팍한 건빵을 먹고 나면 마지막에 달달한 별사탕을 먹을 수 있다는 확실한 보장이 있다면 우리는 좀 더 참고 견딜 수 있다. 실제 많은 사람은 '고진감래苦盡甘來'라는 한자성어처럼 지금을 참고 견디면 결국 좋은 날이 올 거라는 희망을 가지고 살아간다. '쓴 걸 먼저 먹으면 단 걸 마음껏 먹을 수 있을 것!' '고생한 나를 위해 행복이 기다려줄 것!'이라는 기대로 팍팍한 삶을 참고 견딘다. 그러나 인생은 정말 그럴까? 노력한 만큼 결실이 주어지고, 참고 견딘 만큼 기쁨이 주어진다면 우리의 인생은 훨씬 살 만하다. 그러나 인생은 그렇게 친절하지 않다. 건빵을 계속 먹어도 끝까지 별사탕이 나오지 않는 경우도 허다하고, 나중에 먹으려고 별사탕을 아껴두었는데 곰팡이가 피어서 버려야 할 수도 있다. 아니 행복이란 별사탕보다 유통기한이 짧은 과일 같은 것일지도 모른다. 실제 주위에 그런 분들이 참 많다. 죽도록 고생해서 자식들 다 결혼시키고 이제 막 행복하게 살아보려고 하는데 덜컥 중병에 걸리는 식이다. 억울하고 기막힐 노릇이다. 삶은 내 기대대로 되지 않는다. 그것이 진실에 가깝다. 그렇다면 우리의 행복을 마냥 미룰 수는 없지 않겠는가!

심리학자 데니얼 네틀Daniel Nettle의 연구 결과를 보자. 그는 한 사람의 10년 후 행복을 예측하는 데 무엇이 가장 중요한 요소인지를 조사해보았다. 나이, 건강, 가족관계, 돈, 지위, 친구 등등 여러 가지 요소를 비교했다. 어떤 점을 보면 한 사람이 앞으로 얼마나 행복할 수 있을지를 잘 예측할 수 있을까? 당신이 미래에 얼마나 행복할 수 있는지 무엇을 보면 알 수 있을까? 우리가 행복과 연관되어 있다고 생각하는 위 요소들은 사실상 미래의 행복을 예측하는 데 있어 정확도가 낮았다. 그런데 비교적 정확도가 있는 요소가 하나 있었다. 바로 **'현재의 행복지수'**였다. 즉, 지금 얼마나 행복하느냐가 미래의 행복을 좌우하는 것이다.

다시 말하면 지금 행복한 사람이 미래에도 행복하고, 지금 행복하지 않은 사람은 미래에도 행복하지 않을 가능성이 높다는 것이다. 당신은 어떤가? 지금의 당신은 과거 몇 년 전보다 더 행복해졌는가? 과거보다 더 열심히 일하면 몇 년 후에는 지금보다 행복해져 있을까? 왜 우리는 더 많은 것을 참고 이루어냈지만 더 행복해지지 않았을까? **행복을 미루면 행복의 감각은 녹슨다.** 행복을 미루는 것이 자동적인 습관이 되어버린다. 그렇기에 애초에 생각했던 어떤 조건이나 기준이 이루어진다 하더라도 행복을 미루는 사람들은 행복할 수가 없다. 지금 행복할 줄 모르기 때문이다. 우리가 행복하려면 '오늘을 희생하면 내일은 행복할 것'이라는 착각에서 벗어나야 한다. 행복은 어떤 조건이 채워졌을 때가 아니라 우리가 행복을 허락한 만큼 지금 여기에 존재한다.

지금 행복을 허락하라

그럼 맛있는 것을 먼저 먹고, 맛없는 건 나중에 먹는 게 좋을까? 게임부터 신나게 하고 숙제는 나중에 할까? 1월에 휴가를 몰아 쓰고 그다음에는 일만 할까? 우리는 이분법에 익숙하다. 가장 대표적으로 《개미와 베짱이》 이야기를 꼽을 수 있다. 이 이야기를 모르는 이는 없다. 예전 부모들은 자녀들에게 끊임없이 개미로 살아갈 것을 가르쳤다. 항상 할 일을 다 하고 그다음에 남는 시간에 쉬거나 놀라고 말한다. 만약 어떤 사람이 일과 놀이 중에 노는 것부터 한다면 그 사람은 철이 없거나 무책임한 사람이 되고 만다. 이 우화에서 개미는 정상적 인간이고 베짱이는 비정상적 인간이다. 물론 언제 어디서든 주류에 저항하는 이들이 있기 마련이다. 이들은 기꺼이 베짱이로 살아갈 것을 선택한다. 골수 베짱이들은 당장 굶어 죽더라도 하고 싶지 않은 일은 안 한다.

그렇다면 당신은 개미인가? 베짱이인가? 둘 중에 무엇인가? 우리는 이러한 질문에 익숙하다. 자신도 모르게 둘 중에 하나를 선택하려고 든다. 그러나 의문을 품어보자. 우리는 왜 꼭 둘 중에 하나를 선택해야 하는가? 둘 다 선택할 수는 없을까? 생각해보자. 하루는 개미로 살고, 또 하루는 베짱이로 살 수는 없는 것일까? 혹은 반나절은 베짱이로 살고 반나절은 개미로 살 순 없을까? 혹은 평일은 개미로 살고, 주말은 베짱이로 살 수는 없을까?

2013년도의 일이다. 오랜 시간 정신과 의원을 운영하느라 지쳤다. 진료 시간도 단축하고 잠시 여행도 다녀왔지만 효과가 없었다. 쉬고 또 쉬어도 피곤했다. 나는 온전히 쉬고 싶었다. 병원을 정리하고 안식년을 갖는 것에 대해 주위 사람들과 의논해보았다. 가족은 물론이거니와 모두 나를 말렸다. "아이들도 아직 어린데 지금은 그럴 때가 아니지 않냐!" "나중에 시간 많을 때 제대로 쉬면 되잖아." "병원 문을 닫았다가 다시 여는 게 보통일인 줄 아느냐!" 물론 그런 말이 전혀 이상하게 들리지 않았다. 사실은 얼마 전까지만 해도 내가 그런 생각을 하면서 스스로를 말렸기 때문이다. 그러나 뜯어말리려고 해도 제대로 쉬고 싶다는 욕구는 커져만 갔다.

그때 문득 이런 생각이 들었다. '은퇴 후 시간을 쪼개서 미리 앞당겨 쓸 수는 없을까?' 예를 들어, 은퇴 후 시간이 20년이라면 그 시간 중에 1~2년을 미리 쓰고 조금 더 은퇴를 늦추면 뭐가 문제일까 싶었다. (물론 이는 일반적인 직장인이 아니라 의사라는 직업으로 인해 가능한 생각이었음을 양해드리고 싶다.) 생각하면 생각할수록 안 될 게 없었다. 차라리 한 살이라도 젊었을 때 제대로 쉬는 게 더 좋지 않은가!

이분법에서 벗어나니 길이 보였다. 그리고 그 선택으로 인해 삶의 큰 변화가 뒤따랐다. 무엇보다 값진 것은 안식년 동안 몸의 감각이 깨어나면서 삶의 현재성을 되찾은 것이었다. 행복을 미루었던 과거와 달리 오늘 행복할 수 있게 되었다. 그렇다고 내일 일은 생각하지 말고 오늘만 행복하자는 것은 아니다. 삶은 하고 싶은 것만 하면서 살 수 없다. 숙제처럼 싫어도 해야 하는 것들이 있다. 오늘 걸어야 할 길을 걷지 않으면 내일은 뛸 수밖에 없다. 지금 일이 싫다는 이유로 당장 사표를 쓰고 하고 싶은 일을 찾으러 다닐 수는 없다. 하지만 우리는 보다 유연해질 필요가 있다. 낮에는 개미에서 밤에는 베짱이로, 혹은 평일은 개미에서 주말은 베짱이로 이중의 정체성을 유지하며 살아갈 수 있다. 누구에게나 하루의 몇 시간 혹은 주말의 한나절은 자유 시간이 있다. 이 시간부터 자신이 좋아하는 활동으로 채워 넣는 것이다.

다시 건빵 이야기로 돌아가 보자. 건빵과 별사탕을 어떻게 먹는 게 좋을까? 우리는 건빵만 먼저 다 먹거나 혹은 별사탕만 먼저 다 먹을 필요가 없다. 건빵 한 개, 별사탕 한 개 번갈아가며 먹을 수 있다. 인생이란 해야 하는 것도 하고, 하고 싶은 것도 하며 살아가는 게 아닐까?

2
쉬는 시간이 늘었는데
왜 행복하지 않을까?

언제부터 '워라밸'이라는 말이 일상용어가 되었다. '워크 앤 라이프 밸런스Work and Life Balance'의 앞 글자를 딴 것으로 일과 생활의 균형을 뜻하는 말이다. 참 좋은 말이라서 반갑지만 한편으로는 걱정도 된다. 불과 얼마 전만 해도 그와 비슷한 '웰빙'이나 '힐링', '욜로(YOLO: You Only Live Once의 약자로 인생은 한 번뿐이기에 자신의 행복을 중시하라는 뜻)'라는 말이 얼마나 유행이었던가! 그러나 그것은 그냥 유행처럼 사라졌다.

워라밸은 어떨까? 다행히 유행으로 지나가지 않고 실제 사회의 변화로 이어지고 있다. 과거에 비해 노동시간은 점점 짧아지고 여가 시간은 점점 길어지고 있다. 한국문화관광연구원이 조사한 '국민여가활동조사'를 보면 2019년 월평균 여가 시간은 2016년 대비

평일과 휴일 각 0.4시간 증가해 평일 3.5시간, 휴일 5.4시간으로 나타났다. 그렇다면 그만큼 삶의 질과 행복지수는 나아졌을까? 글로벌 헬스서비스기업 시그나그룹이 2018년 세계 23개국의 18세 이상 성인 14만 467명을 대상으로 조사한 시그나 360° 웰빙지수 결과를 보자. 한국은 51.7점으로 23개국 중 최하위를 기록했다. 이는 세계 평균 점수인 61.2점보다도 10점가량 낮은 수치다. 왜 쉬는 시간이 늘어나고 있음에도 불구하고 우리는 더 행복하지 않은 걸까?

주말이 되면 우울해지는 주말병

'도대체 언제까지 이 일을 해야 할까?' '한 1년만 마음껏 쉴 수 있다면…' 직장인이라면 자주 하는 생각이다. 우리는 누구나 자유로운 시간이 많기를 희망한다. 감옥에 갇힌 사람들이 바깥세상을 그리워하듯 시키는 일만 해야 하는 직장인들일수록 자유의 시간을 그리워한다. 물론 어쩔 수 없는 현실 때문에 이는 말 그대로 쓸데없는 생각이 되고 만다. 다들 고단하지만 최대한 버틸 수 있을 때까지 버티려고 애를 쓴다. 가장 큰 이유는 돈 때문이다. 그렇기에 혹시나 하는 마음으로 복권을 사본다.

그렇다면 정말 경제적 문제가 해결되었다고 가정해보자. 일을 하지 않아도 될 만큼 먹고살 돈이 있고, 하루 종일 자유로운 시간이 주어진다면 인생은 행복해질까?

　중현 씨는 지난해에 공기업에서 정년을 채우고 퇴직을 했다. 교사인 아내는 정년이 꽤 남아 있다. 부부는 경제적으로 별다른 어려움은 없다. 아내가 출근하고 나면 그만의 세상이다. 온통 자유 시간뿐이다. 그러나 시간이 지날수록 자유롭기는커녕 무기력해졌다. 친구를 만나서 낮술을 먹거나 여행을 다니는 것도 한두 번이지 계속 하고 싶지는 않았다. 자유의 기쁨은 딱 삼 개월이었다. 이후로는 아침에 눈을 뜨자마자 '오늘은 뭘 해야 하지?'라는 생각에 괴로웠다.

　그의 일과는 아주 단순하다. 아내는 굳이 바라지 않는데도 학교까지 출퇴근시켜준다. 그렇게라도 해야 뭔가 할 일이 있는 사람처럼 느껴져서다. 그 후 오전에는 간단히 집안일을 하고 TV를 본다. 오후에는 집 앞 공원을 산책하다가 도서관에 들른다. 열람실에서 신문이나 잡지를 뒤적거리다가 아내가 퇴근할 무렵이면 다시 아내를 태우고 돌아온다. 저녁을 함께 먹고 TV를 보다가 잠을 잔다. 아내가 밖에서 저녁을 먹고 들어오는 날이면 혼자 밥을 차려 먹고 아내가 오기만을 기다린다. 그런 날이면 엄마를 기다리는 초등학생 아이 같은 느낌이 든다. 만나는 사람은 점점 줄어들고 있다. 불러주는 사람도 별로 없고 불러내고 싶은 사람도 별로 없다. 낯을 가리는 성격 때문에 새로운 사람을 만나는 자리는 영 내키지 않는다. 교회에도 나가봤지만 남들에게 퇴직 후 집에 있다는 말이 선뜻

나오지 않아 몇 번 가다 말았다.

중현 씨 같은 사람이 과연 일부일까? 사람들은 흔히 일이 많고 여가 시간이 적을수록 삶이 불행하다고 느끼고, 일을 하지 않고 여가 시간이 많을수록 삶은 행복할 것이라고 생각한다. 그렇지 않다. 2014년도 〈한국여가레크리에이션학회지〉에 발표된 《여가 시간이 증가하면 행복은?》이라는 연구논문은 이 질문을 집중적으로 다룬다. 저자들은 국민 생활체육 참여 실태조사를 통해 총 9000명의 가구원을 대상으로 이를 평가해보았다. 그 결과 일정 시간 동안은 여가 시간의 증가에 따라 행복지수가 올라간다. 하지만 평균을 넘어서게 되는 순간 사교성, 변화 수용력, 삶의 통제력, 욕구 충족도, 주변 친화 및 목표달성 노력 등 행복지수와 관련한 모든 문항에서 부정적 영향을 미치는 것으로 조사되었다. 즉, 여가 시간이 많다고 해서 꼭 행복이 보장되는 것은 아니고 너무 많은 경우에는 오히려 행복에 역행하는 수도 있다.

여가 시간이 많을수록 행복할 것이라는 생각은 착각이다. 그 착각은 시간을 즐겁게 보내는 데에는 특별한 능력이 필요하지 않다는 것을 전제로 할 때만 사실이 된다. 과연 당신은 여가 시간을 즐겁게 보낼 줄 아는가? 현실은 정반대다. 과연 주 5일제가 시행된 이후 당신은 더 행복해졌는가? 가족과의 관계는 더 좋아졌는가? 많은 직장인은 일요일 오후가 되면 기분이 나빠지거나 긴장도가 올라간다. 월요병은 월요일 아침에 시작되는 게 아니라 일요일 오후부터 나타나기 때문이다. 그런데 월요병이 아니라 '**주말병**weekend sickness'을 호소하는 이들도 많다. 오히려 주말이나 연휴가 시작되면 우울해지는 것이다. 시간이 많은데 특별한 약속은 없고 이 많은 시간을 어떻게 보내야 할지 모르기 때문이다. 그렇기에 계속 잠을 잔다. 잠이 와서 잠을 잔다기보다 그냥 할 일이 없으니 잠을 잔다. 지칠 때까지 잔다.

이러한 주말병은 역사가 꽤 깊다. 헝가리 출신의 정신분석학자 샨도르 페렌치Sándor Ferenczi는 환자들이 일요일에 유달리 히스테리와 우울증 증세에 시달린다는 것을 간파하고 이를 '일요 신경증sunday neurosis'이라고 불렀다. 실제로 휴가나 방학 기간에 심리 상태가 악화되거나 은퇴 후 만성 우울증을 앓는 경우도 많다. 독일 함부르크 대학교의 볼프강 매닝Wolfgang Maennig 교수 등은 16년간 독일 노동자 3만 4000여 명을 대상으로 진행한 설문조사를 통해 이를 입증해 보였다. 2014년도에 발표한 결과에 의하면 저학력자의 경우는 그렇지 않았지만, 고학력자의 경우 주중보다 주말에 삶의 만족도가 더 낮았다. 특히, 고학력 남성은 월요일에 가장 만족도가 높고 주말로 갈수록 만족도가 떨어지는 것으로 나타났다. 즉, 머리를 많이 쓰고 일을 통해 자신의 가치를 느끼는 사람일수록 할 일이 없으면 자유로워지는 게 아니라 힘들어하는 경우가 꽤 많은 것이다.

문제는 시간이 아니다

지연 씨(36세)는 대기업 홍보팀에서 일하다가 연년생인 둘째 아이를 낳은 뒤에 직장을 그만두었다. 그리고 삼 년 동안 정신없이 두 아이를 키웠다. 그러다 어느 날부터 육아소진증후군에 빠졌다. 만사가 다 귀찮아지고 의욕이 없어졌다. 남편과 상의해서 두 아이를 어린이집에 보냈다. 모처럼 자유로운 시간이 주어졌다. 그러나 자유로운 시간이 늘었다고 해서 무기력감이 사라지지는 않았다. 아이들을 어린이집에 보내고 나면 오전 내내 잠만 잤다. 그런 자신이 싫었다.

그러던 어느 날, 우연히 아이 장난감을 찾다가 한 블로거가 만든 헝겊 인형 사진들을 보게 되었다. 왠지 재미있어 보였고 어렸을 때 손재주가 있었던 터라 나름 잘할 수 있을 것 같았다. 그 길로 재료들을 사서 인형을 만들기 시작했다. 솜씨가 늘면서 미니어처도 만들었고 자신이 직접 만든 것들을 가지고 아이들과 놀아주었다. 동화책을 읽을 때마다 인형을 등장시켜 마치 인형극처럼 동화구연을 했다. 아이들은 너무 좋아했다. 같은 어린이집에 다니는 아이들에게도 동화 인형극을 들려주었다. 헝겊 인형 덕분에 노동과 같았던 육아가 즐거운 놀이로 바뀌었다. 다시 활기를 찾게 된 것은 단순한 여유 시간이 아니라 기쁨을 느끼는 시간 때문이었다.

노예제 시대는 말할 것도 없고 산업화 시대의 공장 노동자들은 너무나 비인간적인 조건 아래 장시간 노동을 해야 했다. 절대적으로 여가 시간이 부족했다. 잠을 쫓는 약을 먹어가며 일을 해야 했고, 근무시간 중에 화장실에 가는 것까지 통제당했다. 그렇기에 노동자들은 노동시간을 줄이기 위해 투쟁해왔다.

하지만 여가 시간은 행복의 필요조건일 수는 있지만 충분조건은 되지 못한다. 앞에서 이야기한 것처럼 우리나라 국민의 평균 여가 시간은 늘어나고 있지만 실제 워라밸지수는 최하위권이다. 여가 시간이 다른 OECD 국가들과 비슷한 수준이 되었지만 정작 여가다운 여가를 보내고 있지 못하는 것이다. 제도를 통해 법정 근무시간을 단축시키고 유연근무제를 시행하는 등의 접근은 분명 한계를 가지고 있다. 많은 현대인의 비극은 여가 시간의 부족에 있는 게 아니라 여가 시간을 즐길 줄 아는 능력이 없다는 데 있다. 우리는 오랜 시간 동안 보상 때문에 무언가를 하는 데 익숙해져 있고 일을 통해 자신의 가치를 입증해 보이며 살아왔다. 그렇기에 일 이외의 시간이 주어지면 자유로워지는 게 아니라 이내 부자연스러워지고 무질서해진다.

사람들의 생각과 달리 시간을 즐겁게 보내는 건 무척 어려운 일이다. 어쩌면 싫은 일을 하는 것보다 더 어려운 것인지도 모른다. 그렇기에 많은 이들은 정년퇴직 이후 한동안 활기를 잃어버린다. 특히, 남자들이 그렇다. 이를 보며 많은 사람은 이렇게 이야기한다. "사람은 일을 해야 해!" "나이가 들수록 일이 있어야 해!" 일견 맞는 이야기다. 그러나 퇴직 후 무기력의 진짜 원인은 일이 없어서가 아니다. 혼자 있는 시간, 자유 시간을 즐길 줄 아는 능력이 없어서다. 이는 정년퇴직을 한 사람들만의 이야기가 아니다. 하고 싶은 일을 위해 직장을 그만두는 사람들에게서도 볼 수 있다. 그만두기 전까지는 시간만 있으면 뭐든지 해낼 거라고 생각했지만 막상 시간이 주어지면 상당수가 무질서한 생활로 빠져버린다. 당신은 어떨까? 착각하지 않기를 바란다. 자유를 즐기는 것, 놀 줄 아는 것은 일하는 것보다 훨씬 더 높은 경지의 능력이다.

3

어른도
놀이가 필요하다

"놀이가 인생을 구제할 수 있다는 말은 절대 과언이 아니다." 정신과의사 스튜어트 브라운Stuart Brown의 말이다. 그는 미국 국립 놀이연구소의 소장이다. 처음 그의 직함을 보았을 때 바로 궁금증이 생겼다. '정신과의사가 어떻게 해서 놀이를 연구하게 됐을까?' 사연은 이렇다. 그는 정신과의사로서 일하면서 틈틈이 연쇄살인범들의 정신감정을 담당했다. 사례가 늘면서 그는 이들의 어린 시절에서 어떤 공통점을 발견했다. 연쇄살인범들은 하나 같이 나이에 맞는 놀이 경험이 결핍되었음을 알게 되었다. 무언가 번뜩임이 스쳤다. 그는 이를 계기로 약 6000명의 '놀이 역사play history'를 탐구했다. 그 결과 어린 시절에 잘 놀지 못했던 사람들은 성인이 되어 많은 정신적 문제를 보였다. 이들은 어른이 되어서도 즐거움을 느끼지 못하고, 경직되어 있으며, 중독 성향이 강하고, 일중독에 빠지거나 우울했다. 충격적인 결과였다. 이것이 그가 놀이연구소를 만든 이유다. 그는 '놀이' 연구를 통해 이 시대에 놀이의 중요성을 설파하며, 놀이 프로그램을 통해 개인, 가족, 학교, 조직의 변화를 꾀하고 있다. 놀이가 진정한 치유라고 믿기 때문이다.

당신은 놀 줄 아는가?

————

나는 스튜어트 브라운의 이야기에 동의한다. 내가 20여 년 동안 상담실에서 만난 사람들 또한 비슷한 공통점을 가지고 있다. '놀 줄 모른다'는 것이다. 물론 닭이 먼저인지 달걀이 먼저인지 구분하긴 어렵지만 놀이의 결핍은 분명 정신건강을 판단하는 데 있어 중요한 척도라고 본다. 인류학자들은 고등 생명체의 특징 중 하나로 '놀이'를 꼽는다. 강아지나 고양이와 같은 반려동물을 보면 장난을 치는 모습이 참 귀엽다. 누가 시키지 않아도 알아서 논다. 더 고등한 생명체인 인간은 말할 것도 없다. 사람 역시 생존과 안전이 확보되고 나면 그다음은 노는 것에 관심이 간다. 아이들을 보면 대번에 알 수 있다. 아이들은 아무것도 없는 환경에서도 어떻게든 놀고 만다. 장난감이 없어도 되고 놀이터가 아니어도 상관없다. 빗물이 고인 웅덩이를 첨벙첨벙 걷고, 종이를 오리고 붙이고, 높은 곳에 올라 뛰어내리고, 빈 깡통을 계속 차고 다니고, 무언가를 끊임없이 쌓고 허물고 또다시 무언가를 만든다. 아이들에게는 세상의 모든 곳이 놀이터다.

놀이는 신나고 즐거운 것이다. 일과 달리 놀이는 어떤 목적을 이루기 위한 도구가 아니며 그 자체가 목적이다. 그 활동 자체가 좋아서 할 때 우리는 가장 주체적인 상태가 된다. 시간 가는 줄도 모르고 빠져든다. 몰입하게 되는 것이다. 그러나 어른이 되면서 우리는 이러한 능력을 잃어버린다. 활동의 과정이 아니라 보상과 결과를 따지게 된다. 생산성과 효율성의 잣대를 들이댄다. 놀이는 점점 사라진다. 노는 것을 아주 우습게 여기거나 해롭게 본다. 그렇다 보니 일을 그만두고 집에 있는 상태를 "논다"라고 이야기한다. 심지어 이상하게 여기기도 한다. 즐겁게 놀거나 새로운 취미 활동을 즐기다가도 종종 '지금 내가 이렇게 시간을 보내도 되나?' '쓸데없는 걸 하는 게 아닐까?'라고 되묻는다. 다른 사람에게도 이러한 잣대를 들이민다. "그런 것 배워서 뭐 하려고?" "그게 돈이 돼?" "왜 사서 고생을 해?"

그러나 놀이는 있어도 되고 없어도 되는 게 아니다. 우리 사회의 정신건강이 극도로 나빠진 것은 바로 '놀이의 결핍' 때문이다. 특히, 어른들은 더 심각하다. 인위적으로 기분을 고양시키려고 애쓸 뿐이다. 지금도 여전히 지쳐 쓰러질 때까지 술 마시고 노래 부르는 것을 잘 노는 거라고 생각하는 이들이 많다. 놀이가 없는 어른은 일하지 않는 시간이 주어지면 어떻게 시간을 보내야 할지 몰라 막막해한다. 그렇기에 여가의 소비자로 전락하고 만다. 쇼핑, 게임, 음식, 스포츠 관람, TV와 인터넷 등에 시간을 빼앗긴다. 물론 이 시간 또한 재미를 느끼기에 어른의 놀이라고 할 수 있다. 하지만 이는 '유사놀이pseudo-play'다. '유사놀이'는 놀이의 능동성과 창조성을 거세하고 유희성만을 남겨놓은 것을 말한다. 우리는 놀이를 상품으로 구매하여 소비할 뿐 놀이의 주체가 되지 못한다. 아무리 생활이 풍족해져도 정신적으로 가난한 이유다.

우리가 행복하려면 놀이를 되찾아야 한다. 과정의 기쁨을 회복해야 한다. 그런 의미에서 건강의 기준은 달라져야 한다. 잘 노는게 건강이고 잘 놀지 못하는 것이 병이다. 치유 역시 마찬가지다. **치유란 잘 놀지 못하는 상태를 잘 놀 수 있는 상태로 만드는 것이다.** 실제 정신과의사인 도널드 위니캇Donald Winnicott은 심리치료의 목표를 '놀지 못하는 상태에서 놀 수 있는 상태로 변화시키는 것'이라고 정의한 바 있다. 우리에게 정말 필요한 것은 단순한 여가가 아니라 놀이와 같은 여가다. 여가 시간이 아무리 늘어나도 놀이가 없다면 워라밸은 이루어지지 않는다.

행복은 기본적으로 감정이다

사람들은 흔히 행복을 마음먹기에 달려 있다고 이야기한다. 그렇기에 힘든 일도 놀이처럼 생각하라는 이들도 있다. 과연 일을 놀이처럼 대할 수 있을까? 힘든 일일수록 쉽지 않다. 보통 사람이라면 뙤약볕에서 땀 흘려 일하기보다 그늘에서 쉴 때를 좋아한다. 물론 마음가짐이 중요하지 않다는 것은 아니다. 그러나 뭐든지 마음먹기에 달렸다는 말은 허망하기 그지없이 들린다. 아무리 일이 힘들어도 이를 좋게 받아들이고 긍정적으로 생각하며 살아야 하는가! 힘든 일을 좋게 생각한다고 그게 정말 좋은 일이 될 수 있을까? 기본적으로 힘든 일은 힘든 일일뿐이다. 아주 노력을 하면 힘든 일이 의미 있는 일이 될 수는 있다. 그러나 힘든 일이 좋은 일이 되기는 어렵다. 우리는 불행에서 의미를 찾을 순 있지만 불행 자체를 행복으로 느낄 수는 없다. 그것이 보통의 인간이다.

　행복은 생각도 아니고 태도도 아니다. 행복은 기본적으로 이성이 아니라 감정이다. 긍정적 감정의 복합 상태가 행복인 것이다. 의미를 부여한다고 해서 좋은 감정이 막 생겨나는 것은 아니다. 상상해보라. 당신이 싫어하지도 좋아하지도 않는 회사 동료가 있다고 해보자. 좋은 관계가 중요하다고 생각해서 그 사람을 좋아해야겠다고 노력하면 점점 좋아질까? 좋은 척할 수는 있겠지만 실제로도 좋은 감정을 가지는 건 어렵다. 감정은 억지로 만들어지지 않기 때문이다. 행복도 마찬가지다. 입에 볼펜을 물어서 억지로 웃는 표정을 취하면 기분이 좋아질 수 있다. 기분이 좋아서 웃는 게 아니라 웃다 보면 기분이 좋아진다는 말도 일리가 있다. 하지만 이는 잠시뿐이다. 그럼에도 많은 사람은 행복은 마음먹기에 달려 있다고 생각한다. 이 이야기는 뿌리가 깊다. 아주 옛날부터 철학자들은 선한 의지로 세상을 대하면 어떤 고난을 겪어도 행복할 수 있다고 주장했다. 실제 소크라테스는 죽음의 독배조차 기꺼이 들이마셨다. 죽음을 깊은 잠을 잘 수 있는 즐거운 밤이라고 여기며 기꺼이 받아들였다. 우리말에도 '일체유심조一切唯心造, 모든 것은 마음이 지어낸다'라는 표현처럼 행복의 핵심은 마음먹기에 달려 있다고 보는 전통들이 있다. 그러나 그러한 관점은 행복의 핵심을 모호한 것으로 만들어버린다.

나는 행복의 핵심이 마음가짐에 달려 있다고 보는 유심론적 태도를 경계한다. **행복의 핵심은 '좋은 경험'에 있다.** 그 시간에 온전히 몰두할 수 있고, 기쁨과 같은 좋은 감정을 안겨줄 수 있는 경험 말이다. 우리가 행복하려면 좋은 경험을 찾아내고 이를 늘려가는 게 중요하다. 행복은 기본적으로 기쁘고, 기다려지고, 하고 싶은 것이어야 한다. 그러므로 좋은 경험이란 놀이와 유사하다. 아이들이 어른보다 행복한 건 잘 놀기 때문이다. 우리는 나이가 들더라도 자신만의 놀이를 즐기고 발달시켜야 한다. 그것이 진정한 휴식이다. 잘 놀아야만 활기가 생기고 재충전이 이루어진다. 어떤 상황에서도 마음먹기에 따라 행복할 수 있다고 이야기하는 것은 행복을 신비의 영역으로 끌고 갈 뿐이다. 우리는 잘 놀 때 행복할 수 있다.

행복은 초점이 필요하다

행복에 대한 연구 결과는 너무나 많다. 상반된 결과도 꽤 있다. 돈이 별로 중요하지 않다는 결과도 있지만 돈이 행복에 많은 영향을 준다는 결과도 있다. 혼자 사는 사람이 더 행복하지 않다는 결과도 많지만 혼자 사는 사람이 오히려 더 행복하다는 결과도 점점 늘어나고 있다. 시대가 달라지고 있기 때문이다. 아무튼 행복에 대한 연구 결과는 너무나 많기에 행복을 좌우하는 요소 역시 점점 더 많아지고 행복하기 위한 노력은 더욱더 확대될 수밖에 없다. 그렇기에 학자들이 권하는 행복 연습은 결국 세상에 좋은 것을 다 모아놓은 느낌이 든다. 긍정적으로 생각해야 하고, 감정도 잘 조절할 줄 알아야 하며, 공감도 잘해야 하고, 좋은 친구 관계를 위해 노력해야 하며, 운동도 해야 하고, 여행도 자주 가야 하며, 남도 적극적으로 도와야 한다. 결국 좋은 건 다 해야 한다는 결론에 도달하고 만다. 그러나 이는 역으로 아무것도 하지 말라는 것과 다를 바가 없다. 우리는 좀 더 행복의 핵심에 다가서야 한다. 초점을 좁혀야 한다. 바닷물을 끓일 수는 없지만 냄비에 담긴 바닷물은 끓일 수 있지 않는가!

이를 위해서는 무엇보다 자신이 무엇을 할 때 행복한지를 잘 알아야 한다. 소크라테스의 철학은 "너 자신을 알라gnothi seauton"라는 한마디 말로 압축된다. 우리는 이를 자신의 무지에 대한 인식으로 이해하지만 이 말은 여러 의미가 있다. 여기에서 자신이란 '영혼'을 의미하기도 한다. 즉, 이 말은 '너의 영혼을 알라'라는 의미가 함께 있는 것이다. 영혼을 안다는 건 어떤 뜻일까? 그 의미 중의 하나는 내 영혼을 기쁘게 해주는 게 무엇인지를 아는 것이다. 즉, "너 자신을 알라"는 말은 "너의 영혼에 기쁨을 주는 것이 무엇인지 알라"라는 말로 풀어 이야기할 수 있다. 이는 행복에 있어 아주 중요한 표현이다. '당신은 어떤 활동을 할 때 영혼의 기쁨을 느끼는가?' 이 질문에 잘 대답할 수 있다면 자신의 행복을 잘 알고 있는 것이다. 영혼의 기쁨이라는 말이 너무 거창한가! 그렇다면 이렇게 바꿀 수 있다. '당신의 놀이는 무엇인가?'

놀이가 바로 행복이다. 어른도 놀아야 산다. 다만 어른의 놀이와 아이의 놀이는 공통점과 차이점이 있다. 능동적으로 참여하고 과정 자체의 즐거움을 느끼는 건 놀이의 본질이기에 다를 수가 없다. 다만 아이와 달리 어른의 놀이는 상대적으로 초점과 깊이가 있다. 악기를 연주하고, 서평을 하고, 심리학 공부를 하고, 발레를 하고, 정원을 가꾸는 등 보다 명료한 초점이 있고 배움과 연습을 통해 그 깊이를 더해간다. 이러한 능동적 여가 활동이야말로 바로 어른들의 놀이라고 할 수 있다.

　행복하려면 잘 놀면 된다. 그렇다면 당신을 기쁘게 하는 놀이가
무엇인지를 찾는 게 중요하다.

4
가장 인간적인 감정, 기쁨

기분이 좋아지면 다 행복일까? 우리는 예부터 쾌락과 행복을 구
분해왔다. 쾌락은 오히려 해롭다는 이야기를 참 많이 들었다. 그렇
다면 실제로 우리 몸에 안 좋은 행복감이 있을까? 2013년도 8월호
〈미국국립과학원회보〉에 발표된 노스캐롤라이나대학 심리학과
바버라 프레드릭슨Barbara Fredrickson 교수팀의 연구 결과에 따르면
'해로운 행복'이란 게 존재한다. 프레드릭슨 교수팀은 면역 조건이
동일한 80명의 성인을 대상으로 사회적 교류나 성취감으로부터
오는 '목적 지향적 행복eudemonics'과 맛있는 걸 먹는 것처럼 욕구를
단순히 채우는 데서 오는 '쾌락적 행복hedonics'을 구분해 면역세포
에 차이가 생기는지 실험했다. 그 결과 쾌락적 행복을 느낀 사람들
은 혈액 단핵구 세포에서, 스트레스와 연관되어 면역력을 약화시

키는 염증발현 유전자CTRA gene가 증가하는 반면, 목적 지향적 행복은 이 유전자가 오히려 억제된다는 것을 확인했다. 쾌락적 행복이 목적 지향적 행복에 비해 해로운 것임을 세포조차 알고 있는 셈이다.

소확행 유감

몇 해 전부터 우리 사회에는 '소확행小確幸'이라는 말이 유행하고 있다. '소소하지만 확실한 행복'이라는 말의 줄임말이다. 그렇다면 이 소확행은 좋은 행복일까, 해로운 행복일까? 두 가지 행복을 다 가지고 있지만 점점 해로운 행복으로 변질되고 있는 것 같다. 일상의 작은 행복을 누리자는 애초의 의미보다 '어차피 한 번 사는 인생, 하고 싶은 걸 하고 쓰고 싶은 걸 다 쓰며 살자!'라는 일종의 쾌락주의로 흘러가는 듯한 우려가 든다. 자본의 시스템은 이 흐름에 편승해서 우리로 하여금 끊임없이 소비를 부추기도록 만들어져 있다. 소확행은 '소소하지만 확실한 행복'이 아니라 어쩌면 '소비를 통한 확실치 않은 행복'이 되어가고 있는지도 모른다.

앞에서 우리 몸은 좋은 행복과 해로운 행복을 구분해야 한다고 이야기했다. 그렇다면 좋은 행복과 해로운 행복을 어떻게 구분할 수 있을까? 무엇보다 해로운 행복은 손쉽게 얻는다는 특징이 있다. 해로운 행복은 별다른 노력이나 고생을 하지 않고도 즉각적으로 기분이 좋아질 수 있다. 맛있는 음식을 사 먹거나 쇼핑을 하거나 게임을 할 때 우리는 즉각적으로 즐거움을 느낀다. 특히, 비싼 옷이나 고급 제품을 사고 나면 마치 내 자신이 높아진 것 같은 느낌이 순식간에 찾아온다. 그러나 그만큼 좋은 기분의 휘발성 또한 강하다. 좋은 기분은 금방 사라지고 점점 내성이 생긴다. 그 정도의 좋은 기분을 느끼기 위해서는 자꾸 횟수나 양이 늘어나야 하는 것이다. 알코올중독자가 내성이 생겨 점점 음주량이 늘어나야 기분이 좋아지는 것과 똑같다. 점점 비싼 것을 사고, 점점 자극적인 게임을 해야 비슷한 즐거움을 유지할 수 있게 된다. 즉, 해로운 행복은 즐기면 즐길수록 점점 더 중독으로 빠진다.

그렇다면 좋은 행복은 무엇일까? 아리스토텔레스는《니코마코스 윤리학》에서 '유다이모니아eudaimonia'를 행복이라고 이야기했다. 앞에서 말한 '목적 지향적 행복eudemonics'과 같은 말이다. 이는 순간적인 쾌락이 아니라 '자신의 잠재력을 행동과 통합시켜 자아를 최대로 발휘하는 상태'다. 즉, 자신의 능력이나 자질을 갈고닦을 때 느껴지는 기분 좋은 만족감을 말한다. 이러한 목적 지향적 행복은 쾌락적 행복과 달리 중독이 잘 일어나지 않는다.

그렇다면 사람들은 왜 좋은 행복을 추구하지 않고 해로운 행복에 빠지는 걸까? 목적 지향적 행복은 에너지 소모가 크고, 즉각적인 즐거움을 얻기 힘들기 때문이다. 그래서 많은 이들은 당장 즐거움을 주는 손쉬운 활동을 선택한다. 그러나 더 큰 이유가 있다. 많은 이들은 자신에게 좋은 행복이 무엇인지를 잘 모른다는 사실이다. 기쁨을 주는 활동이 무엇인지를 적극적으로 탐색하지 않기 때문이다. 특히, 여가 활동이 왜 중요하고 무엇을 하면 좋을지에 대해 진지하게 생각해보지 않는 사람들이 너무나 많다. 알지만 못 하는 것이 아니라 모르기 때문에 못 하는 경우가 더 많다.

즐거움과 기쁨의 차이

우리는 흔히 인간의 기본 감정을 '희로애락喜怒哀樂'이라고 표현한다. 그런데 여기에서 '희'와 '락'은 어떻게 다른 것일까? 우리는 일상에서 이를 섞어서 사용하는 경우가 많다. 그렇지만 뭐가 달라도 다르지 않을까? 2005년 〈한국심리학회지〉에 실린 서울대학교 심리학과 민경환 교수팀의 연구에 의하면 기쁨은 쾌감점수가 10점 만점 중에 5.94점이고, 즐거움은 5.89점으로 소개되어 있다. 사람들은 즐거움보다 기쁨을 더 강한 쾌감으로 느끼는 것이다. 그러나 그 차이가 크지 않기에 쾌감의 강도만으로 구분하기는 어렵다. 그렇다면 어떤 차이가 있을까? 다음의 장면을 연상해보자. 이때 흐르는 눈물을 '기쁨의 눈물'이라고 표현하는 것이 좋을까? '즐거움의 눈물'이라고 하는 게 좋을까?

이산가족이 서로 부둥켜안고 우는 모습, 국제 대회에서 시상대 위에 올라간 선수들이 가슴이 벅차 흘리는 눈물, 출산 후 아이를 안은 엄마의 뺨에 흐르는 눈물!

즐거움과 기쁨은 모두 '쾌'의 감정이지만 엄연히 다르다. 즐거움, 즉 '락'은 감각적 차원의 쾌감이다. 맛있는 것을 먹고, 재미있는 영화를 보고, 사고 싶은 물건을 쇼핑할 때 우리는 감각적인 쾌감을 느낀다. 이 쾌감은 고통이나 불편을 동반하지 않은 순수한 감정이다. 이는 인간뿐 아니라 동물들도 느낀다. 그에 비해 기쁨, 즉 '희'는 다르다. 기쁨은 고통이나 불편이 동반된 쾌감을 말하며 정신적인 것이다. 추운 바람을 맞아가며 겨울 산의 정상에 올라섰거나, 이별의 고통을 겪고 난 후 재회했거나, 밤잠을 쫓아가며 공부해서 좋은 결과가 나왔을 때 우리는 기쁨을 느낀다. 즉, 이 기쁨이라는 감정은 순수한 쾌감으로 이루어진 것이 아니라 불쾌감을 거치고 난 후의 쾌감이다. 쾌감과 불쾌감을 아우르는 칵테일 감정인 것이다. 이 불쾌감은 만족의 지속에 중요한 연료가 된다. 단, 이 불쾌를 자발적으로 선택한 것일 때 그렇다. 즉, '자발적 불쾌'가 있을 때 '쾌'는 깊어지고 길어진다. 즐거움은 쉽게 휘발되지만 기쁨은 오래 지속되는 이유다. 복잡하게도 인간은 '감정적 낙차'를 좋아하도록 진화해온 것이다.

이 두 감정의 차이에 인간과 동물의 경계가 있다. 그리고 아이와

성인의 경계도 있다. 감정의 발달단계로 보면 아이들의 감정체계
는 동물과 유사하다. 기쁨과 같은 복합적 감정이 발달되어 있지 않
고 즐거움의 감정만 두드러진다. 감정이 단순하기에 행동도 단순
하다. 동물과 아이는 쾌감을 좇고 불쾌감을 피할 뿐이다.

그러나 성인의 감정과 행동은 복잡하다. 두 상반된 감정을 넘나
들며 더 큰 쾌감을 만들어낸다. 어른은 스트레스를 피하기도 하지
만 오히려 스트레스를 넘어서서 더 큰 쾌감을 느끼려고 한다. 롤러
코스터를 타고, 공포영화를 보고, 낯선 땅으로 여행을 가는 것처럼
말이다. 맛도 그렇다. 동물들은 쓰고 매운 맛을 좋아하지 않는다.
마늘이나 고추를 좋아하는 동물을 보았는가! 아이들도 마찬가지
다. '감탄고토甘呑苦吐', 달면 삼키고 쓰면 뱉어내는 것은 동물적인
반응이다. 그러나 성인이 되면서 인간의 맛은 변화한다. 단지 쓰
고 매운 맛을 잘 견뎌낸다는 차원을 넘어선다. 쓰고 매운 맛을 즐
길 줄 안다. 더 나아가 단맛과 짠맛에 쓴맛과 매운맛, 신맛을 섞어
가며 더욱 풍부하고 깊은 맛을 만든다. 쾌와 불쾌의 두 세계가 이
분법으로 분리되어 있는 것이 아니라 상반된 두 세계를 섞어 더 깊
은 쾌감을 만들어내는 존재가 바로 인간이다. 그래서일까? 행복할
'행幸'의 한자는 '매울 신辛'과 '한 일一'자로 이루어져 있다. 여기에
서 맵다는 것은 단지 미각에 국한된 의미가 아니다. 삶의 고통 속
에 어떤 희망이나 기쁨을 하나 얹으면 그것이 곧 행복이라는 의미
일 것이다.

기쁨을 잃어버린 사람들

그렇다고 인간이기에 즐거움은 빼고 '기쁨'만을 느껴야 한다고 이야기하려는 것은 아니다. 인간은 인간 이전에 동물이다. 인간 역시 당연히 순수한 쾌감인 즐거움을 원한다. 그 즐거움이 어느 정도 만족되어야 생존할 수 있다. 하지만 인간은 더 깊은 행복을 위해 즐거움을 넘어 기쁨을 추구해왔다. 순간적인 쾌감이 아니라 지속적인 만족감을 위해 스트레스를 선택하고 이를 넘어서려고 한다. 물론 어려움을 딛고 무언가를 성취했다고 해서 마냥 만족할 수 있는 것은 아니다.

인간은 늘 위를 바라본다. 그것은 인간의 비극임과 동시에 인간의 본질이다. 인간은 늘 불일치를 추구한다. '지금의 삶'에서 늘 '더 나은 삶'을 향해 올라가려고 한다. 그 불일치 때문에 분발하고 그 불일치가 해소되면 만족하다가도 또다시 불일치를 창조해낸다. 아무튼 인간의 행복에서 가장 중요한 두 감정은 즐거움과 기쁨이다. 인간의 행복은 그렇게 진화되어 왔다. 즐거움과 기쁨의 이중회로로 행복나선이 그려진 것이다. 핵심은 어느 하나를 선택하는 것이 아니라 균형이다.

문제는 이 균형이 쉽지 않다는 데 있다. 특히, 즐거움에 빠져버리기 쉽다. 즐거움은 얻기 쉬운 반면에 기쁨은 시간이 걸리고 어렵기 때문이다. 오래가는 기쁨이 아니더라도 지금 당장 별 고생 없이 즐거움을 느끼고 싶은 것이다. 그럼, 만일 한 인간이 고생해서 얻는 기쁨은 멀리하고, 쉽게 얻는 즐거움만을 추구하고 살아간다면 어떻게 될까? 실제 나는 정신과의사로 일하면서 그런 사람들을 무수히 많이 만나왔다. 기쁨을 느끼지 않고 즐거움만 추구하는 사람들! 이들의 행복나선은 즐거움 한 줄로만 이루어져 있고, 이들의 뇌는 즐거움의 회로만 발달되어 있다. 이들은 십중팔구 정신과를 찾게 된다. 무엇 때문일까? 바로 '중독'이다. 삶에서 즐거움만을 추구하는 이들은 결국 중독에 빠지게 된다. 중독자들은 지금 눈앞의 즐거움에 탐닉한다. 미래를 위해 오늘을 견디는 능력을 잃어버린 사람들이다.

중독은 오직 즐거움을 주는 것만이 삶의 행복을 가져다준다고 생각하는 상태다. 그 외의 것들은 아무리 좋은 것이라도 다 시들해진다. 알코올, 섹스, 약물, 도박, 쇼핑, 음식 등이 대표적인 중독의 대상이다. 중독자들의 삶은 중독의 대상을 제외하면 빛이 바래져 있다. 중독의 대상에 탐닉할 때만 생기가 돌 뿐 나머지는 온통 잿빛이다. 그렇기에 이들은 중독의 대상에 더욱더 매달린다. 그러나 문제는 매달리면 매달릴수록 처음에 느꼈던 즐거움은 옅어진다는 사실이다. 즐거움은 내성이 잘 생기기 때문이다. 같은 즐거움을 느끼기 위해서는 점점 더 강한 자극이 필요하게 된다.

그에 비해 기쁨의 감정은 확장성이 뛰어나다. 기쁨은 기쁨의 대상만 빛나게 하는 것이 아니라 그 기쁨이 주변으로 확산되게 만든

다. 그것으로 인해 다른 일상까지 생기가 돌고 행복을 느낄 수 있
다. 기쁨은 삶의 주름을 펴는 보톡스가 되어준다. 기쁨을 잃어버리
는 순간, 삶은 시들고 인간은 병든다. 우리가 기쁨을 되찾아야 하
는 이유다.

5

날마다 좋은 경험, 오티움

어떤 사람은 주말이면 자전거로 100킬로미터를 달린다. 어떤 사람은 퇴근하면 음악 학원에 가서 바이올린을 배우고, 어떤 사람은 가족들이 입는 옷을 직접 만들고, 어떤 사람은 주말 농장에 가서 채소를 기르고, 어떤 사람은 생두를 사서 직접 로스팅을 하고, 어떤 사람은 매일 아침에 눈을 뜨면 30분 동안 요가나 명상을 하고, 어떤 사람은 주말이면 유기 동물 보호센터에 가서 자원봉사를 한다. 여가를 적극적으로 보내는 사람들의 모습이다. 여가 시간에 부족한 잠을 채우거나 그냥 쉬는 것에 초점을 두는 사람이라면 잘 이해되지 않을 수 있다. 이러한 활동을 한다고 해서 돈이 생기거나 누군가에게 인정을 받는 건 아니다. 오히려 시간을 내고 고생을 하고 돈을 쓰는 활동이다. 실제 능동적 여가 활동을 하는 사람들은 주위에 그런 활동을 한다고 자랑하지도 않는다. 그렇다면 이들은 왜 이러한 활동을 할까? 이 '왜'라는 질문은 동기에 대한 질문이다. 도대체 누군가에게는 성가시고 돈이 들고 피곤한 일을 누군가는 왜 이토록 적극적으로 하는 것일까?

일속에서 몰입을 느끼라고?

좋은 경험의 특징은 빠져드는 것이다. 자신도 모르게 활동 속에 빠져들어 시간 가는 줄 모를 만큼 몰입하게 된다. 이 '몰입'을 심리학의 연구 대상으로 삼은 학자가 있다. 바로 미국의 심리학자 미하이 칙센트미하이Mihaly Csikszentmihalyi다. 그는 삶이 최고효율로 발휘되는 상태를 가리켜 '몰입flow'이라는 표현을 썼다. 말 그대로 몰입이란 물 흐르듯 행동이 자연스럽게 이루어지는 상태를 말한다. 이러한 순간의 공통점은 의식이 경험으로 꽉 차 있다는 것이다. 느끼는 것, 바라는 것, 생각하는 것이 하나로 어우러지는 상태다. 그는 몰입, 행복, 창의성이라는 주제만을 가지고 40여 년을 연구에 매진했다. 특히 몰입 연구를 위해 ESMExperience Sampling Method라 불리는 경험 표집법을 이용했다. 피실험자를 대상으로 삐삐를 착용하게 해 삐삐가 울릴 때마다 즉각적으로 느낌이나 생각을 적도록 하는 방법이다. 이는 기존의 연구처럼 특정 시점에서 이전의 심리 상태를 회고해서 대답하는 방식이 아니라 그때그때 바로 심리 상태를 보고하는 것이기에 그만큼 연구의 객관성을 높일 수 있었다.

그에 의하면 행복이라고 다 똑같은 행복이 아니다. 행복에도 엄연히 등급이 있다. 가장 낮은 등급은 아무런 노력도 없이 순수한 즐거움만을 추구하는 것이다. 우리가 여러 번 이야기하고 있는 쾌락을 말한다. 예를 들면 맛있는 과자를 먹으며 TV 시청을 하는 것이다. 이런 만족감은 지속시간도 짧고 정도도 약하다. 조금 더 상위의 행복감은 풍경이 좋은 곳을 바라보는 것처럼 노력은 있지만 그 환경이 사라지면 만족감도 사라지는 수동적인 행복이다. 또 그보다 상위의 행복감은 노동이 끝난 후의 휴식이나 아이들을 키우면서 느끼는 행복이다. 그리고 가장 상위의 행복감은 몰입을 통한 성취 경험이다. 즉, 어떤 대상을 향해 스스로의 자연스러운 노력이 고조되어갈 때 우리는 가장 행복할 수 있다. 그러나 이렇게 단계를 구분했지만 사실 몰입은 가장 아래 단계에서도 얼마든지 일어나는 일이다. 우리는 TV 드라마를 보면서 옆에서 누가 불러도 못 들을 만큼 깊은 몰입에 빠질 수 있고, 풍경이 좋은 곳에서 물아일체의 경험을 할 수 있다. 그는 몰입을 일, 관계, 여가로 나누어 연구했지만, 특히 일에서의 몰입을 강조했다. 그리고 이를 위해 아주 버겁지 않은 상위의 과제나 목표의 중요성을 역설했다.

그러나 일에서 몰입을 느낀 적이 얼마나 있는가? 자율성이나 전문성이 잘 보장되는 직업이나 근무 환경이 아니라면 사실 일에서 몰입을 느끼기란 쉽지 않다. 아무런 권한이나 자율성도 없이 시키는 일만을 해야 하거나, 단순하고 반복적인 업무를 밥 먹듯이 되풀이해야 하는 경우라면 정말 답이 없다. 게다가 일에서의 몰입은 그 의도와 상관없이 자칫 자기 착취로 이어지기 쉽다. 스스로를 과도한 노동 강도에 밀어 넣거나 일중독의 나락으로 빠져들 위험도 있다. 나는 우리가 몰입을 가장 잘 경험할 수 있는 최적의 시간은 일과 관계가 아니라 '여가'의 영역이라고 본다. 여가의 몰입이야말로 가장 순수하다. 실제 많은 사람은 능동적 여가 활동에서 순간순간 몰입에 빠져든다. 자의식을 잃어버리고 활동 속에 빠져드는 것이다. 10년 넘게 디지털드로잉을 하고 있는 심리상담사 서윤 씨(50세)는 이렇게 이야기한다.

"그림을 그리면 시간과 공간을 잊어버려요. 저는 종종 그림 속에 존재합니다. 그리는 대상과 마주하며 이야기를 나누고 제가 그 대상이 되는 느낌이에요. 제가 산을 그리면 저는 산이 되고 제가 꽃을 그리면 저는 꽃이 됩니다. 그림을 그릴 때 저를 잊어버려요. 내가 나를 의식하지 않는 그 시간이 저는 좋습니다."

내 영혼에 기쁨을 주는 능동적 여가 활동, 오티움

오티움이라는 말은 라틴어다. '오티움ótĭum'은 여가 시간을 말하고,

'네고티움negótium'은 여가 외 시간을 말한다. 놀랍게도 라틴어에는 일을 뜻하는 고유의 단어가 없었다. 네고티움이 '일'의 의미를 대신한다. 즉, 일은 '여가가 아닌 상태'를 뜻했다. 이상하지 않는가! 왜 '일'을 뜻하는 독립적인 단어가 없었을까? 지금의 기준으로는 도저히 이해하기 힘들다. 우리는 정반대의 세상을 살고 있다. 일을 뜻하는 단어는 많아졌지만 오티움을 뜻하는 말은 모호하다. 지금은 '일이 없어 남는 시간'이라는 의미의 '여가'가 오티움을 대신한다. 물론 오해해서는 안 된다. 과거 여가 중심의 사회란 일부 귀족들만이 누릴 수 있는 특권이었다.

그런데 나는 왜 이 책에서 '오티움'이라는 옛 단어를 끌어왔을까? 그것은 여가의 의미와 기능이 달라졌기 때문이다. 옛날에는 단지 휴식으로써의 여가가 중요했다. 몸으로 힘든 일을 하고 난 뒤에 편히 쉬는 것만큼 중요한 게 없었다. 그것이 진정한 휴식이었다. 그러나 현대인들의 피로는 다르다. 기본적으로 육체적 피로라기보다는 정신적 피로다. 일의 자율성도 없이 시키는 일을 하고, 끊임없이 감정을 누르고 표정을 관리하며, 모든 활동이 수치로 평가되고, 하루 종일 좁은 공간에 앉아 있는 것 자체가 바로 스트레스다. 이는 기본적으로 정신적 에너지를 크게 소비한다.

그에 비해 오티움은 '무위無爲의 시간'이다. 여기에서 무위란 아무 것도 하지 않는다는 의미가 아니라 억지로 무언가를 하지 않는다는 의미이며 더 나아가 하고 싶은 것을 하는 걸 말한다. 즉, 낮은 단계의 무위는 억지로 무언가를 안 하는 것이지만 높은 단계의 무위는 자연스럽게 하고 싶은 걸 하는 것을 말한다. 하고 싶은 것을 하는 건 에너지를 소모하는 게 아니라 오히려 채우는 것이다. 우리에게는 그러한 시간이 필요하다. 억지로 애를 쓰지 않는 것, 누군가의 눈치를 보지 않는 것을 넘어 내가 좋아하는 것을 즐기는 시간이 필요하다.

그 활동은 우리를 짓누르는 책임이나 의무도 아니고, 늘 따라다니는 보상이나 결과에서 벗어난 시간이다. 현대인의 여가에서 중요한 건 아무것도 하지 않는 것이 아니라 하고 싶은 걸 하는 것에 있다. 자, 이제 오티움을 정의해보자. 오티움은 **'내 영혼에 기쁨을 주는 능동적 여가 활동'**을 말한다. 그렇다고 모든 여가 활동이 오티움은 아니기에 다음과 같은 다섯 가지 기준을 제시하고자 한다. 지나치게 따질 필요는 없지만 오티움을 수동적 여가나 중독과 구분하는 것은 꼭 필요하기 때문이다.

〈오티움의 다섯 가지 기준〉

1. **'자기 목적적**autotelic**'이다.** 결과나 보상에 상관없이 그 활동 자체가 목적이 될 때 '자기 목적적'이라고 할 수 있다. 오티움은 좋아서 하는 활동이다. 즉, 오티움은 활동 자체에서 기쁨을 느끼는 것이지 결과나 보상 때문에 기쁜 게 아니다. 예를 들어 달리기를 할 때 기쁘면 오티움이지만, 달릴 때는 기쁘지 않은데 달리기로 인해

살이 빠져서 기쁘다면 오티움이 아니다. 이 자기 목적성은 '현재성'을 강화시키고 몰입으로 이끈다. 마음이 그 경험에 집중해 있다. 그 경험을 하는 동안 잡다한 생각과 복잡한 감정은 가라앉는다. 그리고 그 경험과 관련된 감각만이 깨어 있다. 그림을 그린다면 그 그림에 에너지가 집중되고, 뜨개질을 한다면 온통 뜨개질에 집중하게 된다. 그렇기에 좋은 경험이란 일종의 명상이다. 온전히 지금 이 순간에 마음이 머물러 있는 것이다.

2. '일상적'이다. 아무리 좋아하는 여가 활동이어도 일 년에 한두 번 하는 활동은 오티움이 아니다. 오티움은 매일, 매주 혹은 최소 매달이라도 일상에서 즐기는 여가 활동을 말한다. 여행을 오티움이라고 하기 어려운 이유다.

3. '주도적'이다. 독서, 감상, 묵상처럼 정적 활동 또한 얼마든지 오티움이 될 수 있다. 오티움의 능동성에 있어 중요한 기준은 주도성이다. 이는 스스로 주체가 되어 선택하고 즐기고 배우고 심화시켜 가는 것을 말한다. 와인 바에 가서 자주 마시거나 많은 와인을 소장한다고 해서 오티움이 아니다. 자신의 취향에 맞는 와인을 잘 알고 있고, 어떻게 해야 최상의 맛을 낼 수 있는지를 알며, 잔에 따라 맛이 어떻게 다르고, 그 맛과 향을 다양한 기준에서 품평할 수 있어야 한다. 더 나아가 와이너리 투어는 물론이거니와 직접 와인을

제조하는 체험을 즐긴다면 더욱더 능동적 여가 활동이라고 할 수 있다.

4. '깊이'가 있다. 몇 개월 하다가 그만두는 여가 활동은 오티움이 아니다. 오티움은 지속성과 깊이를 가지고 있다. 오티움이 멈추지 않고 이어지는 이유는 '배움의 기쁨'이 함께하기 때문이다. 오티움은 기술, 전문 지식, 능동적 감상, 창조적 경험 등을 통해 깊이를 더해간다. 그렇기에 쉽게 싫증이 나지 않고 즐거움을 배가시키며 지속할 수 있다. 즉, 오티움은 배움과 새로운 실험을 통한 '성장 경험'이 필수적이다. 그리고 성장 경험이 깊어갈수록 창조적 경험으로 나아가게 된다. 오티움은 와인처럼 숙성되어가지만, 수동적 여가는 연차가 있을 뿐 깊이가 없다. 영화 감상이 오티움이라면 깊이 좋아하는 장르와 배우와 감독이 생겨나고, 영화에 대해 공부를 하고, 시간을 내어 영화제를 다니고, 영화평을 쓰거나 토론을 하고, 시나리오를 써보거나 단편영화 제작에 참여할 것이다. 그렇기에 배움과 실험이 멈춘다면 오티움도 생명력을 잃어간다.

5. '긍정적 연쇄효과'가 있다. 아무리 위의 네 가지 기준을 만족하더라도 긍정적 연쇄효과가 없으면 오티움이 아니다. 오티움은 중독과 구분되어야 한다. 가장 중요한 기준은 오티움은 그 활동만 기쁜 게 아니라 그 활동으로 인한 기쁨이 확산되어 삶과 관계에 활기

가 생겨난다는 점이다. 그에 비해 중독은 그 활동만 기쁘고 그 외의 모든 삶의 영역은 시들어진다. 몸을 해치거나, 관계를 망가뜨리거나, 생활을 피폐하게 만드는 건 아무리 기쁨을 주더라도 오티움이 아니라 중독에 불과하다. 예를 들어, 낚시나 바둑, 운동 역시 오티움이 될 수 있다. 그러나 프로라고 부를 만큼 실력은 뛰어나지만, 그 활동에 빠져 일에 소홀해지거나 몸이 상하거나 가족관계의 갈등이 끊이지 않는다면 그것은 중독이지 오티움이 아니다. 이 기준으로 보면 누구나 여가를 보내고 있으나 오티움은 아무나 경험하는 것은 아니다. 오티움은 시간을 때우기 위한 여가 활동도 아니고, 그것에만 빠져 다른 것은 전혀 보지 않고 살아가는 중독도 아니다. 오티움은 삶의 균형을 유지하는 사람들의 것이다.

〈오티움의 특성〉

1. 여가 활동의 결과가 아니라 과정 자체가 기쁨을 준다.
2. 여가 활동을 즐기나 그것이 인생을 지배하지는 않는다.
3. 여가 활동으로 지치는 것이 아니라 힘을 얻어 일상에 활기를 준다.
4. 자신의 기질이나 취향에 잘 맞는 활동이다.
5. 활동 중에 종종 정신적 이완에 이르거나 무아지경의 상태에 빠진다.
6. 스스로 결정하고 스스로 참여한다.
7. 상대방이 꼭 필요한 활동(예: 테니스나 탱고 등)도 있지만 기본적

으로 개인적 활동에 기반을 둔다.

8. 활동을 그만둘 때 사람에 따라서는 가벼운 금단 증상이 있을 수 있지만, 서서히 나타나고 일시적이다.

9. 그 활동으로 인해 나쁜 생활 습관을 줄이거나 중단한다.

10. 정신적으로 기민하고 자신감이 증가하며, 자부심이 생겨난다.

11. 그 활동을 통해 삶의 불행이나 고통에서 위로를 받을 수 있다.

12. 어쩌다 한 번 하는 활동이 아니라 일상에서 자주 하는 활동이다.

13. 난이도와 배움에 오티움 활동에 따른 성장의 단계가 있다.

14. 오티움은 깊이가 있기에 쉽게 질리지 않고 꾸준히 지속할 수 있다. 오티움이라고 하려면 최소 1년 이상은 그 활동을 이어가야 한다.

15. 일, 관계, 여가의 역동적 균형을 유지할 수 있는 활동이다.

'당신은 어떤 활동을 할 때 영혼의 기쁨을 느끼는가?'
이는 행복을 원하는 사람에게 필요한 핵심 질문이다.
행복의 핵심은 '좋은 경험'에 있다.
좋은 경험의 특징은 빠져드는 것이다.
자신도 모르게 그 활동 속에 빠져들어
시간 가는 줄 모를 만큼 몰입하게 된다.

2장

나의 세계를 만드는 휴식

"나는 찾는 것이 아니라
만들어가는 것"

1

삶은 새롭게 창조되어야 한다

종종 "나를 잃어버린 것 같아요!"라고 호소하는 이들이 있다. 이들이 원하는 것은 자신을 찾는 거다. 어떻게 해야 찾을 수 있을까? 만약 부모가 아이를 잃어버렸다고 해보자. 그러면 경찰서에 가서 우선 '잃어버린 아이'에 대한 신상 착의와 실종 상황을 설명해야 한다. 마찬가지다. 자기를 잃어버린 사람들은 잃어버린 나는 어떤 모습이었고, 어떻게 잃어버렸는지를 설명해야 한다. 그러나 나를 잃어버렸다는 사람들은 이를 잘 설명하지 못한다. 왜 그럴까? 그것은 '나'를 잃어버렸다기보다 애초에 '나'라는 사람이 제대로 된 형체를 갖추지 못했기 때문이다. 즉, 사실은 나를 잃어버린 것이 아니라 내가 잘 만들어지지 않은 것이다. 이들의 문제는 '자기 상실'이 아니라 '자기 결핍'에 가깝다.

인간의 세 가지 심리적 욕구

언제부터였을까? 전문가의 손을 빌리지 않고 필요한 것을 스스로 만들거나 고치는 사람들이 많아지고 있다. 일명 'DIYDo It Yourself 족'이다. 컴퓨터, 생활 소품, 의상, 음식에서부터 크게는 가구, 자동차 수리, 실내 인테리어, 집 짓기까지도 모두 DIY 범주에 포함할 수 있다. 특히, 유튜브의 등장으로 더욱 확산되고 있다. 다른 사람들이 만든 DIY 콘텐츠를 보면서 차근차근히 따라 해볼 수 있게 되었기 때문이다.

그러나 그럼에도 불구하고 이는 무척 번거로운 일이다. 몇 번의 손가락질만으로 모든 것을 다 구입할 수 있고, 전문 업체에 맡기면 모든 걸 알아서 다 해주는 이 편리한 세상에 이들은 왜 옛날 사람들처럼 무언가를 만들려고 할까? 가격이라도 싸면 모른다. 상품을 사는 것에 비해 시간뿐 아니라 돈도 더 드는 경우가 허다하다. 도대체 왜 그 고생을 마다하지 않을까? 왜 사서 고생을 할까? 어찌 보면 그 이유는 간단하다. 사서 고생을 하는 존재! 그것이 인간이기 때문이다.

동물의 행동을 연구하는 과학자들은 동물을 움직이는 힘을 기본적으로 두 가지라고 본다. 첫 번째는 먹고 자고 번식하는 것과 같은 본능적 동기이며 두 번째는 일명 '채찍과 당근'이라고 부르는 처벌과 보상 같은 외재적 동기다. 인간은 어떨까? 과거 스키너Burrhus

Frederick Skinner를 위시한 행동주의 심리학자들은 인간 역시도 기본적으로 동물과 다르지 않기에 체계적인 보상을 통한 행동수정을 강조했다.

그러나 여기에 반발하는 이들이 많았다. 인간은 본능이나 혹은 처벌과 보상 때문이 아니라 다른 동기에 의해서도 움직인다고 보았기 때문이다. 대표적인 경우가 에드워드 L. 데시Edward L. Deci 등의 자기결정성 이론의 학자들이다. 이들은 인간을 움직이는 세 번째 힘이 있다고 본다. 인간은 채찍과 당근이 없더라도 행동 그 자체에서 만족감을 느끼는 '내재적 동기'와 스스로 유능함과 배움을 추구하려는 '자율성'과 '자기 학습'의 동기가 있다고 본 것이다.

자기결정성 이론에 의하면 인간은 본능적인 생물학적 동기 이외에 꼭 충족되어야 할 세 가지 심리적 욕구가 있다고 본다. 이는 자기결정의 욕구, 유능감의 욕구need for self-competency, 친밀함의 욕구다. 이 세 가지 욕구는 생리적 욕구처럼 초월할 수 없는 것이다. 즉, 사람이 계속 먹지 않고 계속 자지 않으면 살아갈 수 없는 것처럼, 이 세 가지 심리적 욕구도 계속 박탈되면 인간은 인간으로 살아갈 수 없다는 것이다. 생리적 욕구의 박탈이 신체의 병으로 이어지기 쉽다면 심리적 욕구의 박탈은 정신의 병으로 이어지기 쉽다. 그렇기에 우리는 마음이 힘들 때 이 세 가지 욕구를 우선적으로 살펴볼 필요가 있다. 뭔가 이 세 가지 욕구가 채워지지 않기에 마음이 힘들 수 있기 때문이다. 예를 들어, 당신이 사내 복지가 좋고 높은 급여를 받는 직장을 다니지만 자기 전문성도 없이 시키는 일만 묵묵히 해야 하거나, 팀 내에서 배제되는 느낌을 받고 있다면 정신적으로 병들어갈 수밖에 없다. 이는 반대로 치유의 방향을 알려준다. 당신의 욕구불만을 잘 해소할 수 있어야 치유가 일어나고 활기가 생겨나기 때문이다.

즉, 한 인간이 활기찬 삶을 영위하려면 어느 정도의 자기결정권을 가지고, 자기 전문성을 심화시켜가며, 좋은 관계를 유지할 수 있어야 한다. 그러나 이것이 과연 쉬울까? 일단 일의 영역에서는 어떤가? 당신의 일은 위 세 가지 욕구가 어느 정도 충족될 수 있는가? 쉽지 않다. 그렇다고 답이 없는 것은 아니다. 우리는 하루의 3분의 1을 수면과 식사 등 생리적 요구를 해결하기 위해 보낸다. 그리고 하루의 3분의 1은 일을 한다. 그리고 그 나머지 3분의 1이 여가의 시간이다. 결국 일의 시간에서 이 세 가지 욕구를 채울 수 없다면 남는 것은 여가의 시간밖에 없다. 그렇기에 좋은 여가의 기준은 이 세 가지 욕구와 맞물려 있다. 스스로 선택해서 참여하는 여가 활동, 자기향상감을 느낄 수 있는 여가 활동 그리고 같은 관심사를 공유하며 함께 어울리는 사람들이 있다면 당신의 여가는 훌륭한 여가라고 할 수 있다. 그것이 바로 이 책에서 이야기하고자 하는 오티움이다.

나는 나를 창조하고 싶다

_____

40대 초반의 주부인 현주 씨는 4년 전 내 집 장만을 했다. 변두리의 작고 낡은 아파트이지만 그래도 내 집을 마련했다는 기쁨이 컸다. 그러나 너무 낡은 아파트라서 손볼 곳이 한두 군데가 아니었다. 인테리어 업체에서 견적을 받아보니 아무리 적게 잡아도 2000만원이 나왔다. 엄두가 나지 않았다. 그녀는 다른 업체를 알아보다가 '셀프 인테리어'라는 말이 눈에 들어왔다. 인터넷을 찾아보니 관련 콘텐츠가 정말 많았다. 처음에는 '내가 과연 할 수 있을까?' 싶었지만 일단 아이들 방의 페인트칠만이라도 해보기로 했다. 여가 활동이 아니라 돈을 아끼고 싶은 마음뿐이었다. 붓, 롤러, 페인트, 커버링 테이프 등을 구입해서 하루 종일 칠했다. 페인트칠 하나만으로도 방이 새집처럼 밝고 화사해졌다. 준비부터 마무리까지 몸은 힘들고 시간이 많이 들어갔지만 자신이 직접 아이들 방을 꾸며준 것 자체가 정말 뿌듯했다. 남편 역시 그녀를 보는 눈이 달라졌다. 그 일로 자신감과 호기심이 생겼다. 나머지 실내 인테리어도 직접 하기로 했다. DIY 책자와 동영상 등을 찾아보며 남편과 함께 화장실 타일을 새로 붙이고, 거실의 벽면을 아트 월로 꾸미고, 실내조명도 바꿨다. 거기서 그치지 않았다. 이후로 싱크대 리폼을 하고, 공간 박스와 의자, 완구함 등 간단한 가구도 만들고, 베란다도 카페처럼 꾸몄다. 퀼트도 배워서 작은 소품 하나하나 스스로 만들어갔다. 그 과정에서 자연스럽게 인테리어에 관심을 가지고 있는 이웃들과 어울리게 되었다. 그녀들과 함께 DIY 박람회도 다니고, 서로 인테리어 품앗이도 해주게 되면서 점점 실력이 늘었다. 그 과정을 하나하나 블로그에 꼼꼼하게 담았고 셀프 인테리어에 관심 있는 사람들이 하나둘씩 그녀의 블로그를 찾았다. 뜻하지 않았지만 유명 잡지사와 인터뷰도 하게 되었다. 덕분에 최근에는 주민자치위원회에서 셀프 인테리어 강좌를 맡아서 진행하는 경험도 했다. 생각지도 못했던 여러 가지 좋은 일들이 자꾸 생겨났다.

"돈을 아끼겠다는 마음에서 시작했지만 지금은 집을 고치고 꾸미는 그 자체에서 행복을 느껴요. 집을 디자인하는 건 나를 디자인하는 것 같고, 집이 새로워지면 내가 새로워지는 것 같아요. 내가 사는 집을 내 손으로 직접 꾸민다는 것! 그 자체만으로도 굉장한 보람과 자부심을 느껴요. 점점 어려운 일을 해내다 보니 삶에 힘든 일이 생겨도 더 잘 대처할 수 있게 돼요. 게다가 같은 관심사를 가진 사람들과 연결되다 보니 즐거움은 더욱 크죠."

셀프 인테리어와 같은 능동적 여가 활동은 앞서 에드워드 L. 데시가 이야기한 세 가지 심리적 욕구를 모두 충족시켜준다. 이들은 그 만족감을 이렇게 표현한다. "내가 사용하는 걸 내가 직접 만든다는 건 무척 매력적이죠." "이 세상에 하나밖에 없는 것을 내가 만들었다는 건 아주 특별한 느낌을 줍니다." "물건을 만들면서 종종 나를 만들어가고 있다는 생각이 들어요." 즉, DIY란 서툴더라도 나만의 것을 직접 만듦으로써 '나'라는 존재감을 확인하고 싶은 심리적 욕구 표현이다. '나'의 세계가 중요한 이 시대에서는 무엇보다 나를 만들고 표현하고 싶은 창조적 욕구가 중요해진다. 그래서 개인화 시대에는 데시가 이야기한 인간의 세 가지 심리적 욕구 외에 네 번째로 창조적 욕구가 포함될 수밖에 없다. 결국 DIY는 물건이 아니라 '나'를 만들고 표현하는 것이다. 이는 결코 '가성비'로 따질 수 없다. 인간은 마음에 드는 책꽂이를 샀을 때보다 '내가 만든 책꽂이에 책을 꽂을 때' 더 큰 행복을 느낀다. 한 시간도 안 되어 각종 음식들이 다 배달되는 세상이지만 그럼에도 내 손으로 재료를 다듬어 나만의 요리를 하고 싶은 존재가 인간인 것이다.

자기를 만들거나 아니면 파괴시키거나

인간은 기본적으로 어느 것 하나 선택할 수 없는 상태로 세상에 태어났다. 삶의 시작에는 어떠한 자유의지도 포함되어 있지 않다. 그러나 이러한 삶의 수동적 조건을 뒤바꾸려는 이들이 있다. 이들은 삶의 시작은 주어진 것이지만 삶의 과정은 스스로 만들어가기를 바란다. 이들은 기본적으로 삶을 예술적 조형물로 보고 스스로를 아티스트로 생각한다. 책이라고 한다면 삶을 하나의 거대한 책으로 보고 스스로를 삶의 이야기를 만들어가는 작가라고 여기는 것이다. 삶을 예술로 보고 자신을 아티스트로 바라보는 관점은 과거 계급사회나 산업화 시대에는 꿈도 꿀 수 없었다. 그러나 먹고사는 것이 해결되고 자아와 개성이 강조되는 개인화 시대가 열리면서 이러한 욕구는 점점 커져가고 있다. 이를 일찍부터 간파한 심리학자가 바로 에리히 프롬Erich Fromm이다. 그는《건전한 사회The Sane Society》에서 이렇게 말했다.

"만약 내가 삶을 창조할 수 없다면 파괴할 순 있다. 삶을 파괴하는 것도 역시 나로 하여금 삶을 초월하게 하는 것이다."

프롬은 인간에게는 피조물로 태어난 자신의 상태를 초월하기 위해 자기 삶을 적극적으로 형성하려는 창조적 활동의 욕구가 있다고 보았다. 특별한 사람들의 욕구가 아니라 보편적 욕구로서 말이다. 그런데 만일 어떤 인간이 환경의 억압이나 방해로 인해 무언가를 창조할 수 없다면 어떻게 될까? 프롬은 '파괴성destructiveness'으로 이어진다고 보았다. 즉, 프롬은 인간의 파괴성이나 공격성이 창조적 욕구의 좌절에서 기인했다고 본 것이다. 물론 극단적인 표현일 수 있다. 모든 창조성이 파괴성의 승화로부터 나온 것도 아니고, 모든 파괴성이 창조성의 좌절에서 비롯된 것도 아니다. 다만 창조적 욕구가 짓눌렸을 때 우리는 얼마든지 공격적이거나 파괴적이 될 수 있다. 그렇기에 이 기술만능주의 시대에 역으로 DIY 열풍이 불고 있는 것이다. 인간은 스스로 하고 싶어 하고 스스로 만들어보고 싶은 존재다. 삶 또한 마찬가지다. 어쩔 수 없이 살아

가는 것이 아니라 자신이 원하는 삶을 만들어가고 싶은 것이다. 그
것이 꼭 위대하고 거창할 필요는 없다. 내 영혼이 작은 기쁨을 느
끼는 나만의 세계를 만드는 것 역시 훌륭한 삶이다. 그 시작이 바
로 오티움이다.

2

외부에서 내부로
의식의 전환

마흔일곱의 정호 씨는 대기업 연구소에서 근무 중이다. 몇 해 전부터 앞날을 생각하면 걱정이 되더니 올해부터는 가슴까지 답답해질 만큼 불안해졌다. 머리숱도 많이 빠지고 당뇨약도 먹는 등 건강도 예전 같지 않은 데다가 슬슬 퇴직 이후의 생활에 대해 걱정이 된다. 그러나 무엇부터 해야 할지 감이 잡히지 않는다. 20년 가까이 열심히 일을 해왔지만 회사에서 나가면 도무지 혼자 설 자신이 없다.

그렇다고 가족관계가 좋은 것도 아니다. 아내와 자녀와의 관계는 점점 더 소원해지고 있다. 아내는 왜 이렇게 아이들에게 관심이 없냐며 타박만 하고 학원에서 늦게 돌아오는 아이들은 잠시도 이야기할 틈이 없다. 회사에 있어도 답답하고 집에 있어도 답답하다.

'도대체 무엇을 위해서 살아온 걸까?' '그럼, 앞으로는 어떻게 살아야 할까?' 이런 고민이 끝이 없지만 정작 이야기를 나눌 사람은 아무도 없다.

중년 위기의 본질

사람마다 나이의 차이는 있지만 청년의 시기가 끝나고 중년이 되면 크고 작은 상실감을 겪게 된다. 젊음으로 대표되는 도전, 성공, 기회 등이 사라지고 무언가 인생의 내리막길을 맞이한 것 같은 불안과 걱정 혹은 무력감 등을 겪는다. 이를 중년의 위기라고 한다. 흔히 인생의 봄에 찾아오는 사춘기에 빗대어 '사추기思秋期'라고도 한다.

질풍노도의 시기라고 불리는 사춘기의 위기는 보편적이다. 물론 어떤 부모들은 "우리 아이는 사춘기라는 것을 모르고 컸어요"라고 이야기한다. 그만큼 순하게 컸다는 의미다. 하지만 이는 축하 대신 위로받아야 할 일이다. 왜냐면 인간의 성장은 위기를 헤쳐나갈 때만이 주어지기에, 그 기회를 놓쳤다는 점이 애석하다. 또 하나는 '더 큰 위기'가 언젠가 다시 찾아올 것이기 때문이다. 실제로 청소년기에 사춘기가 잘 나타나지 않는 아이들은 대학생이나 사회인이 되면서 뒤늦게 사춘기를 겪는 경우가 많다. 그리고 그 혼란은 더욱 심하게 나타난다.

그렇다면 중년의 위기 또한 보편적인 것일까? 논란의 여지가 있다. 어떤 학자들은 아예 중년의 위기가 없다고 주장하는 사람들도 있다. 대표적으로 시카고대 인류학자인 리처드 A. 슈웨더Richard A. Shweder는 "중년의 위기는 세계 이곳저곳에서 서로 다르게 형성된 문화적 허구"라고 잘라 말하고 있다. 과연 중년의 위기는 보편적인 것일까? 예외적인 것일까? 또 중년의 위기가 없다면 그것은 좋은 걸까?

중년들을 많이 상담해온 나로서는 중년 위기를 보편적 현상이라고 본다. 적어도 열심히 자녀를 키워온 대한민국 중년들에게는 더욱 그렇다. 중년들은 가족을 위해 자신의 삶을 저당 잡히고 살아온 이들이다. 남녀 모두 별로 다를 게 없다. 이들의 삶을 움직이는 동기는 기본적으로 의무와 책임이다. 이 땅의 많은 중년들에게 하고 싶은 일을 하며 산다는 것은 생각하기 힘들다. 자식을 잘 키워서 독립시키는 건 일종의 인생 성적표와 같은 것이기 때문이다. 중년들은 자식 농사를 잘 짓기 위해 어떻게든 자신의 삶을 희생해서까지 최선을 다하려고 한다. 그렇기에 오랜 시간 '나'를 잊고 산다. 그러나 책임과 의무에 붙잡힌 삶을 반복하다가 어느 순간 이러한 질문들이 쏟아질 때가 있다. 이는 흔히 신체적 변화와 함께 찾아온다. 체력이 저하되고, 눈이 잘 안 보이고, 흰머리가 늘고, 다리가 무거워지는 등 건강의 문제나 몸의 이상이 동반될 때 문득 이런 질문들과 마주한다.

'나는 누구인가?'

'나는 무엇을 위해 살아왔는가?'

'내 삶은 무엇인가?'

'나는 언제까지 이렇게 살아야 하는가?'

'내가 원하는 삶은 무엇인가?'

사실 사춘기와 사추기, 두 가지 생의 위기는 닮아 있다. 두 경우 모두 신체와 정신의 불균형이 위기의 한 가지 원인이 된다. 신체적 성숙에 맞지 않게 심리적 자아가 발달되지 못한 청소년이나 마음 먹은 대로 따라주지 못하는 몸을 가진 중년은 모두 신체와 정신의 언밸런스 상태다.

또 하나는 두 시기 모두 정체성의 혼란을 특징으로 한다는 점이다. '나는 누구인가?' '나는 어떻게 살아야 하는가?'라는 핵심적인 고민을 하게 된다. 물론 그전에도 이런 질문에 부딪힐 때가 있었다. 그러나 그때는 이런 질문들을 어렵지 않게 피하면서 다시 일상에 파묻힐 수 있었다. 하지만 중년의 위기를 겪을 때에는 더 이상 질문을 피할 수가 없다. 잊을만하면 또 떠오르고, 누르면 누를수록 올라온다. 즉, 자신에게 집중하지 못하고 다른 사람을 위해 살아온 이들에게서 중년의 위기는 피할 수 없는 현실이다.

삶의 위기에 대응하는 네 가지 방식

사춘기나 중년의 위기는 '삶의 변화'를 요한다. 살아가는 방식이 바뀌어야 한다. 그것이 위기의 본질이며 과제다. 사춘기는 이제 부모에게 의존하는 삶에서 벗어나 스스로 삶을 살아가야 하는 연습이 필요하다. 그렇다면 중년의 위기는 무엇을 의미할까? 이는 외부로 향했던 삶의 에너지를 자신의 내부로 되돌려야 할 때가 왔음을 뜻한다. 누군가를 책임지거나 자신의 능력을 외부에 입증해보여야 한다는 강박에서 벗어나 삶을 돌아보고 자신에게 집중해야 한다는 의미다. 그러나 모든 사람이 그 본질을 파악하고 과제를 부여받는 것은 아니다.

사람들이 중년의 위기를 맞아 대응하는 방식을 보면 크게 네 가지로 나눌 수 있다. 첫 번째는 **체념**이다. '이게 나의 전부구나!' '이제 내 삶은 내리막이구나!'라고 희망을 놓아버린다. 그리고 그 허무함과 쓸쓸함을 달래려고 중독이나 외도와 같은 순간적 쾌락이나 일탈로 빠져든다. 두 번째는 **부정**이다. 이들은 자신의 삶이 위기에 봉착해 있다는 것을 부정한다. 지금은 한가하게 그런 고민을 할 때가 아니라며 더 채찍질을 가한다. 에너지는 내부로 전환되지 못하고 계속 외부로 향한다. 그러나 이들은 얼마가지 않아 더 큰 위기에 봉착한다. 우울증이나 소진증후군처럼 심신의 건강에 큰 이상이 나타난다. 세 번째는 **확장**이다. 이들은 주의를 내부로 기울여 현재의 삶에 새로움을 보탠다. 자신이 하고 싶은 걸 미루지 않고 지금 시작하는 것이다. 직장인 밴드를 결성하고, 바이크를 타고, 암벽을 오르고, 하고 싶었던 공부를 하고, 춤을 추는 등 삶을 보다 다양하고 풍성하게 가꿔가는 것을 말한다. 네 번째는 **재편**再編이다. 이들은 지금까지 살아온 가치와 방식을 전복하고 새로운 삶을 살아간다. 말 그대로 삶을 다시 짜는 것이다. 그것은 귀농일 수도 있고, 회사 생활을 정리하고 새로운 창업에 뛰어드는 것일 수도 있다.

앞에서 소개한 마흔일곱의 정호 씨는 지금 중년의 위기를 겪고 있다. 이 위기에서 어떤 선택을 하느냐는 그 자신에게 달려 있다. 긍정적 타개를 원한다면 확장이나 재편을 선택해야 한다. 물론 원하는 게 있다면 삶의 경로를 180도 바꾸는 혁명적인 변화를 꾀할 수도 있다. 마치 바다에서 고기 잡던 사람이 배와 그물을 팔고 뭍에 올라와 농사를 짓는 방식으로 삶을 크게 바꾸는 것이다. 하지만 혼자라면 모를까 가족과 함께살아가는 중년이라면 이 역시 부작용이 심하다. 지금 당장 가능한 것은 '확장'이다. 자신의 삶에 새로움을 부여하는 것이다. 그것은 일의 변화라기보다 여가의 변화에서부터 시작한다. 여가가 달라지면 마음이 달라지고 삶도 달라진다.

삶은 또다시 새로워진다

1994년 이후 스탠퍼드대학의 심리학자 로라 카스텐센Laura L. Carstensen과 동료들은 수백 명의 노던 캘리포니아 거주민들의 정서 상태를 평가했다. 그 결과 나이든 사람들은 젊은 사람들에 비해 감정을 효과적으로 조절한다는 사실을 알게 되었다. 나이든 이들은 당면한 사건을 담담하게 받아들이고, 흥분을 해도 재빨리 균형의 상태로 돌아왔다. 카스텐센은 그 이유를 이렇게 설명했다. "당신은 남아 있는 시간이 적어질 때, 즉 인생의 끝에 점점 더 가까워질 때 감정적으로 의미 있는 목표에 초점을 두려고 한다. 반면 남아 있는 시간이 많을 때는 지식 획득에 초점을 둔다." 즉, 사람들은 나이가 들면서 가장 중요한 것에 초점을 두려는 성향이 강해진다. 나이든 사람들은 인생의 덧없음을 느끼지만 그 자체가 삶에 대한 태도를 전환하도록 돕는다. 질병, 상실, 죽음, 수입과 역할의 감소 등 부정적인 현실 앞에서 마냥 우울하고 절망하는 게 아니라 지금 이 순간에 집중하고 남은 시간을 더욱 깊이 있게 살아가려고 하는 것이다.

중년의 위기를 극복하려면 외부로 향했던 에너지가 내면으로 향해야 한다. 미래로 향했던 초점이 오늘로 바뀌어야 한다. 이전에는 남들에게 어떻게 보이느냐가 중요했다면 중년의 위기를 거치면서 내적 만족을 중요하게 여기게 되고, 미래의 행복을 꿈꾸며 오늘을 인내하며 살았다면 이제 오늘의 행복을 허락하며 살아가는 것이다. 중년 위기의 본질이 '기쁨의 상실'이라면 중년 위기의 회복은 '기쁨의 복원'이다. 그리고 이를 가능하게 하는 현실적 대안이 바로 오티움이다. 오티움을 찾으면 기존의 삶을 유지하되 새로움을 불러일으키며 삶을 더 한층 확장시켜간다.

그렇게 보면 중년의 위기는 꼭 부정적인 것만은 아니다. 위기危機라는 한자말처럼 위험과 기회가 공존하는 것이다. 분석심리학을 창시한 칼 구스타프 융Carl Gustav Jung 역시 중년의 위기를 일종의 자기 치유의 과정으로 보았다. 삶의 불균형을 자각하고 삶의 균형을 되찾으려는 시도로 본 것이다. 그 핵심은 안과 밖의 균형을 말한다.

중년의 위기를 잘 넘어서는 이들은 삶의 외부를 꾸미는 것으로부터 벗어나 삶의 내부를 가꾸는 데 치중한다. 즉, **'꾸밈'에서 '가꿈'으로 삶의 방식이 바뀌는 것이다.** 이는 작은 차이가 아니다. '꾸미다'의 사전적 정의는 '모양이 나게 매만져 차리거나 손질하다' 혹은 '없는 것을 사실인 것처럼 지어내다'는 뜻이다. 안은 달라지지 않고 겉만 바꾸는 것을 의미한다. 우리는 인생의 전반 동안 예쁘게 보이기 위해, 괜찮은 사람으로 보이기 위해, 유능한 사람으로 인정받기 위해 물속에서 끊임없이 갈퀴질하는 백조처럼 살아왔다. 그러나 어느 순간 그러한 꾸밈이 부질없고 자신의 삶에 집중하는 게 중요하다는 자각이 피어난다. 그리고 꾸밈에서 가꿈으로 삶의 방식이 바뀐다. '가꾸다'의 사전적 정의는 '좋은 상태로 만들려고 보살피고 꾸려가다'이다. 즉, 안이 달라지는 것이다. 이는 꼭 중년의 과제만은 아니다. 개인화 시대에 우리는 자신의 에너지를 외부가 아니라 내부로 돌려야 한다. 자기 세계를 만들고 가꿔야 한다.

3

나라고 왜 원하는 삶을
살지 못한다는 말인가

유튜브를 볼 때마다 시간은 곧 돈이라는 생각이 절로 든다. 정말 흥미로운 영상들이 많다. 보다 보면 몇 시간쯤은 금방 사라진다. 끝이 없다. 그 무수히 많은 콘텐츠들이 사람들의 관심을 받기 위해 올라와 있다. 눈에 보이지 않지만 구독자의 숫자를 늘리기 위해 얼마나 많은 고민과 노력을 했겠는가. 사람들의 눈을 끌기 위해 치열한 경쟁이 펼쳐지고 있다. 사람들의 관심이 바로 돈이 되는 세상이기 때문이다. 그렇다면 사람들의 관심을 끈다는 것은 무엇을 보고 알 수 있는가? 몇 사람이 구독하고 있고, 한 번 방문할 때 얼마나 머무르며, 광고가 몇 번 노출되고, 얼마나 자주 재방문이 이루어지는지를 보면 된다. 결국 관심의 척도는 시간이다. 유튜버들은 이용료 대신 우리의 시간을 가져간다. 이를 위해 매혹적인 콘텐츠를 만들어 우리의 시간을 포획한 만큼의 돈을 받는다. 그들이 원하는 것은 우리의 시간이며 그것이 바로 콘텐츠 경제다.

여가 하면 무엇이 떠오르나요?

———

그렇게 보면 역시 시간은 돈이다. 실제 우리가 일을 하고 돈을 받을 때 그 기본 단위는 '시급, 주급, 월급, 연봉'처럼 시간으로 되어 있다. 근무시간 외에 추가 근무를 하면 어떻게든 그 수당을 받으려고 할 것이다. 어떻게 보면 정말 시간을 돈처럼 여기는 것 같다. 그럼, 실제 생활에서도 돈에 대한 태도와 시간에 대한 태도는 일치할까? 의외로 너무나 상이한 경우가 많다. 즉, 돈은 철저히 아끼면서도 시간은 아무렇지도 않게 허비하는 경우가 많다. 혹은 회사에서 일하는 시간은 1분이라도 더 하지 않으려고 칼 같이 따지면서도 일 이외의 여가 시간은 아무런 관심조차 두지 않는 이들이 너무 많다. 별로 좋아하는 사람도 아닌데 심심하니까 만나고, 특별히 보고 싶은 프로그램도 없는데 계속 TV를 보거나, 주말 내내 방에서 스마트폰 게임을 하느라 시간을 다 보내기도 한다. 가만히 보면 여가는 의미 없이 보내는 시간투성이다.

　물론 모든 시간을 생산적으로 보내야 한다는 것은 아니다. 아무것도 하지 않고 가만히 쉬는 것 또한 절대적으로 필요하다. 다만 정도껏이어야 한다. 왜 시간은 돈이라고 이야기하고 작은 돈은 민 감하게 반응하면서 여가 시간은 그렇게 보내는 것일까?

나는 여가라는 말부터 바꿔야 한다고 생각한다. 여가라는 말 자체가 여가를 중요하게 여기지 않아도 되는 느낌을 준다. 당신은 '여가'라는 말을 들으면 가장 먼저 뭐가 떠오르는가? 최근 자료가 없어 아쉽지만 2006년도 한국문화관광연구원의 심포지엄에서 윤소영 연구위원은 국민 3000명을 대상으로 조사한 여가의 연상 이미지를 발표한 바 있다. 57.2퍼센트의 사람들은 '여유롭다, 편안하다, 즐겁다, 자유롭다, 한가하다, 휴식, 휴가' 등으로 여가에 대한 느낌을 이야기했다. 그리고 31.4퍼센트는 구체적인 여가 활동을 떠올렸다. '여행, 취미 생활, 스포츠, 노는 것, 등산' 등이다. 나머지 사람들 중에는 '시간 활용, 돈이 많이 든다, 경제적 여유가 있어야 한다' 등을 떠올린 이들도 있다. 이 조사에 따르면 우리나라 사람들에게 여가는 대체로 '여유와 한가함'을 의미한다고 볼 수 있다. 그렇다보니 흔히 '아무 것도 하지 않는 것'을 휴식이라고 여기고 '남는 시간'을 여가라고 생각한다.

이러한 여가에 대한 인식이야말로 수동적으로 여가를 보내는 원인이 된다. **여가는 쉼과 함께 채움이 되어야 한다.** 에너지를 쓰지 않는 것이 중요한 게 아니라 재충전이 되어야 한다. 이를 위해서는 균형이 중요하다. 평소 많이 쓰는 기관은 쉬게 하고, 잘 쓰지 않는 기관을 써야 제대로 된 휴식이다. 즉, 의자에 오래 앉아 머리를 썼다면 주말에는 머리를 쉬고 산책이나 운동을 하며 몸을 움직여야 한다. 반대로 너무 몸을 혹사한 사람이라면 주말에는 몸을 푹 쉬게끔 하고 독서나 음악 감상 등을 통해 정신적 자극을 주어야 한다. 몸과 머리의 균형을 맞추는 것이다. 평소 능동적으로 활동한 사람이라면 여가의 시간에는 가만히 쉬거나 수동적으로 참여하는 활동도 괜찮다. 그러나 평소 시키는 일만 수동적으로 한 사람이라면 여가는 스스로 계획하고 주도적으로 참여하는 게 필요하다. 자율과 타율의 균형을 맞추는 것이다. 삶의 속도 역시 마찬가지다. 평소 정신없이 바쁘게 일했다면 좀 더 느린 속도의 여가가 필요하고, 여유가 있는 일이라면 좀 더 긴장감 있는 여가가 필요하다. 빠름과 느림의 균형을 맞추는 것이다. 우리의 여가가 진정한 휴식이 되지 못하는 이유는 그 균형을 맞추지 못하기 때문이다. 그렇기에 쉬어도 쉰 것 같지 않거나 쉴수록 더 피곤해진다. 그 균형을 되찾을 때 삶은 활기를 되찾는다.

가슴이 원하는 여가가 필요해

많은 멘토들은 젊은이들에게 '가슴이 시키는 일'을 하라고 한다. '내가 얼마를 받을 수 있나?' '내가 얼마나 오래 일할 수 있나?'를 묻지 말고 '내가 좋아하는 일인가?'를 중요하게 여기라는 것이다.

이런 이야기를 들으면 어떤가? 많은 이들은 너무 자신과 동떨어진 이야기라고 느끼거나 혼란을 겪는다. 지금 자신이 하는 일이 아무런 즐거움이나 보람이 없을수록 그 혼란은 크다. 가슴이 뛰는 일을 해야 할 것처럼 느껴지는데 도대체 그것이 무엇이고, 설사 있다고 하더라도 어떻게 접근할 수 있는지 너무 막막하기 때문이다.

그 답이 잘 떠오르지 않을 때, 가장 쉬운 방법은 그 질문을 죽여버리는 것이다. 우리는 어느 순간부터 자신이 무엇을 원하는지를 묻지 않는다. 그것이 중요하지 않아서가 아니라 그것이 막막하기 때문이다. 많은 사람은 '내가 정말 원하는 게 무엇인가?'라는 질문을 두려워한다. '나는 대체 무엇을 위해서 살고 있는가?'라는 걷잡을 수 없는 삶의 회의를 마주할 자신이 없기 때문이다. 그리고 원하는 삶을 사는 사람들은 아주 특별한 경우라고 치부한다. 심지어 이를 고민하는 사람을 비웃기도 한다. '네가 아직 세상을 몰라서 그래!'라는 식으로 말이다. 정말 그럴까? 나의 인생은 내가 원하는 것으로 채울 수 없을까?

사실 하고 싶은 일을 하며 사는 사람은 정말 소수다. 어쩔 수 없이 혹은 해야 하니까 일을 하는 사람들이 대부분이다. 그러나 이것만이 삶의 행복과 불행을 좌우하는 요소가 아니다. 최악의 삶은 아무 의미 없는 일을 억지로 하고, 일 이외의 시간까지 의미 없이 보내는 것이다. 하루의 시간을 나누어보자. 사람에 따라 다르지만 일반적으로 네 가지로 나눌 수 있다. 구속拘束시간(근무), 반半구속시간(통근, 가사, 식사 등), 자유 시간(오락, 휴식, 취미 등), 수면 시간이다. 통상적으로 건강한 삶을 유지하기 위해서는 자유 시간과 수면 시간이 12시간가량 필요하다. 이 네 가지의 시간 중에서 '자유 시간'이 바로 여가 시간이다. 그러나 우리는 이 자유 시간을 '일이 없어 남는 시간' 정도로 생각한다. 그러나 정확히 말해 여가는 '남는 시간'이 아니라 '자유 시간'이다. 여가를 어떻게 바라보느냐는 여가 활동 전체를 좌우할 만큼 정말 중요하다. 우리가 쓰는 언어는 글자 이상의 의미를 지니고 있다. 누구에게도 매이지 않고 일상의 번잡함에서 벗어날 수 있는 그 시간이야말로 스스로 하고 싶은 것을 하는 '자유 시간free time'인 것이다. 하기 싫은 걸 하지 않는 것은 소극적 자유일 뿐이다. 진짜 자유란 하고 싶은 걸 하는 것에 있다. 모든 사람이 가슴 뛰는 일을 할 수는 없지만 모든 사람이 가슴 뛰는 여가를 보낼 순 있다. 특히, 싫은 일을 억지로 하는 사람들일수록 더욱 그렇다.

그렇다면 왜 사람들은 가슴이 원하는 여가를 보내지 않는 것일까? 사람들은 이렇게 이야기한다. "시간이 없어서요", "경제적 여유가 없어서요", "함께할 사람이 없어서요", "별로 관심 있는 게 없어서요" 등 여러 가지 이유를 댄다. 그러나 그것이 진짜 이유일까? 가장 큰 이유는 여가를 중요하게 여기지 않기 때문이다. 나부터 그랬다. 삶을 어떻게 살아야 하는지에 대해서는 고민을 많이 했지만 정작 내 여가에 대해서는 관심이 없었다. 과거의 나처럼 일을 잘하기 위해 정말 많은 노력을 하고, 관계를 위해서 정말 많은 고민을 하지만 여가에 대해서는 별로 신경을 쓰지 않는 사람들이 참 많다. 여가를 중요하게 여기지 않는 사람일수록 여가에 고민과 시간과 돈을 투자하는 것에 대해 강한 저항감을 가진다. 자신이 할 수 있는 것을 애써 외면하고 이상만을 추구하거나 혹은 현실에만 목을 맨다. 우리는 흔히 이상과 현실을 대립물로 바라본다. 하지만 이상과 현실이 늘 대립하는 건 아니다. 우리는 얼마든지 이상적 현실주의자 혹은 현실적 이상주의자가 될 수 있다. 비루하고 척박한 현실이라도 우리는 기쁨을 발견하고 희망을 가꿔갈 수 있다. 나의 기쁨을 피우는 곳이 굳이 일터가 아니어도 된다. 나로서 숨 쉴 수 있는 작은 세상을 여가에서 찾을 수 있다. 나라고 왜 원하는 삶을 살지 못한다는 말인가!

4

나만의 취향을 만들다

"취향이란 인간 그 자체다." 톨스토이가 한 말로 알려져 있다. 나는 그의 이야기에 동의한다. 나를 알려면 내가 무엇에 끌리는지를 잘 알아야 한다. 서로 같은 줄 알았던 취향이라도 사실은 너무 다를 수 있다. 예를 들어, 두 사람이 모두 여행을 좋아한다고 해보자. 하지만 어떤 여행을 좋아하느냐로 들어가면 확연히 다를 수 있다. 한 사람은 대도시를 좋아할 수 있고, 다른 사람은 대자연의 풍광을 좋아할 수 있다. 대자연이라고 해도 세부적으로 들어가면 차이가 있다. 어떤 사람은 황량한 사막의 풍경에 매료되지만, 또 어떤 사람은 나무가 우거진 숲을 좋아할 수 있고, 또 어떤 사람은 작렬하는 태양이 내리쬐는 넓은 대양을 선호할 수 있다. 이렇듯 인간의 취향은 비슷한 것 같으면서도 다양하다. 그러므로 한 인간이 고유하다는 것은 그 사람이 가지는 취향이 고유하다는 의미와도 닿아 있다. 그렇다고 굳이 독특한 취향이 많아야 개성 있다는 것은 아니다. 칠리소스는 약 1:4의 비율로 칠리와 토마토가 들어 있다. 이름은 칠리소스지만 매운 맛을 내는 붉은 고추인 칠리chili는 토마토보다 훨씬 적게 들어 있다. 그럼에도 우리는 이를 토마토소스라고 하지 않고 칠리소스라고 부른다. 남과 같은 게 아니라 남과 다른 그 무언가가 나를 타인과 구분 짓게 만드는 것이다.

너의 취향과 나의 취향은 다르다

취향의 사전적 정의를 보자. "하고 싶은 마음이 생기는 방향, 또는 그런 경향"을 말한다. 즉, 마음이 기울어지는 방향을 뜻한다. 우리는 각자 유일한 사람이기에 각자의 취향도 모두 고유하다. 그러나 우리는 그 고유성을 잘 인정하지 못한다. 자꾸 취향을 비교하고 평가를 하고 점수를 매긴다. '넌 취향이 독특해!', '그 취향은 좀 아니야', '그 취향은 이해가 안 돼. 어떻게 그런 걸 좋아할 수 있어', '넌 취향이 좀 구려' 등 자꾸 평가와 판단을 한다. 그러나 취향은 높낮이를 따질 수 없고, 기본적으로 맞고 틀리고의 문제가 아니다. 생선회를 고추냉이와 함께 간장에 찍어 먹을 수도 있지만, 초고추장이나 쌈장에 찍어 먹을 수도 있다. 취향이란 내가 좋아서 끌리는 것이지 그것이 꼭 남보다 우월하기 때문에 끌리는 건 아니다.

취향은 내가 누구인지를 드러낸다. 옷을 하나 고르는 것, 음식을 먹는 것, 음악을 듣는 것, 어떤 사람들과 어울리는 것 이 모든 게 사실 취향이라고 할 수 있다. 논리적으로 설명할 순 없다. "넌 왜 여러 색깔 중에서 파란색을 좋아해?" "왜 넌 떡볶이를 자주 먹어?" "왜 그 노래가 좋아?"라고 묻는다면 뭐라고 답을 하겠는가? 물론 어떻게든 이유 아닌 이유를 갖다 붙일 수도 있다. 그러나 답은 사실 너무 간단하다. 끌리기 때문이다. 오티움도 그렇다. 오티움 활동이 우리에게 기쁨을 주지만 그 기쁨의 색깔은 저마다 다르다. 예를 들어, 패러글라이딩을 타고 암벽을 오르는 사람들의 기쁨은 '흥분'과 연관되어 있다. 이들은 가슴 떨리는 긴장을 즐기고 이를 넘어설 때 강한 쾌감을 느낀다. 춤을 추는 사람들은 리듬감 있는 움직임과 사람들과의 교감에서 기쁨을 느낀다. 가방을 만들고 글을 쓰는 등 유무형의 창작을 즐기는 이들의 행복은 '창조'에 있다. 명상을 하는 이들의 행복은 '고요함'이다. 정원을 가꾸고 식물을 기르는 이들에게 행복은 다른 생명과의 '연결감'이다. 너의 취향과 나의 취향은 다르고, 너의 행복과 나의 행복은 다른 법이다.

취향에 있어 우열은 없다. 취향은 고유하다. 다만 이는 고정되어 있다는 뜻이 아니다. 끊임없이 변화한다. 어릴 때 입맛과 지금의 입맛은 다르지 않은가! 어릴 때 즐겨 듣던 음악과 지금 즐겨 듣는 음악은 다르지 않은가! 이는 나이에 따른 신체적, 정신적 변화 때문이기도 하지만 외부환경 또한 중요하다. 환경이나 문화가 달라지고 만나는 사람이 바뀌면 우리의 취향 역시 끊임없이 변화한다. 가까운 사람들이 즐겨 듣는 음악을 점점 좋아하게 되거나, 주위 사람이 좋아하는 음식이나 운동을 나도 좋아하게 될 수도 있다. 취향은 기본적으로 관계 안에서 교류하며 발달해가는 법이다. 우연히 친구 따라 갔다가 자신이 더 재미를 느끼고 그 활동에 빠져버릴 수도 있고 누군가의 권유에 의해 인생의 오티움을 만날 수도 있다. 삶이 풍요로워지려면 나의 취향이 풍요로워져야 한다.

당신의 취향의 지도는 어떤가?

주변에서 보면 노력을 하고 신경을 많이 쓰지만 결국 인간관계 때문에 늘 힘들어하는 사람도 있고 어떤 이들은 별로 노력하지 않는 것 같은데도 좋은 관계를 이어가는 이들이 있다. 그렇다. 사회성, 즉 관계지능이 다르기 때문이다. 억울하지만 어쩌랴. 그러나 그렇게 선천적인 특성으로 치부할 문제만은 아니다. 좀 더 면밀하게 살펴볼 필요가 있다. 우리는 모르는 사람을 만나면 상대에 대해 아는 게 없다. 그리고 관계가 맺어지면서 하나둘씩 상대방에 대해 몰랐던 사실들을 알아간다. 어떤 음식을 좋아하는지, 가족관계가 어떻게 되는지, 어떤 일을 하는지, 어떤 성격인지, 어떤 고민이나 관심사가 있는지, 미래의 꿈이 무엇인지 등 상대방에 대해 하나하나 알아간다. 이를 '**관계의 지도**'라고 한다. 즉, 처음에는 서로 아무것도 몰랐기에 관계의 지도가 백지였다면, 시간이 지날수록 관계의 지도가 채워지는 것이다.

그런데 인간관계를 잘하는 사람과 못 하는 사람의 관계의 지도는 큰 차이가 있다. 인간관계를 잘하는 사람들은 시간이 지날수록 관계의 지도가 풍성해진다. 즉, 상대에 대해 아는 게 많아지고 그에 따라 상대를 이해하게 되는 것이다. 그에 비해 인간관계를 못 하는 사람들의 지도는 두 가지 유형이 있다. 첫째, 시간이 지나도 관계의 지도가 너무 빈약하다. 상대방에 대해 정작 아는 게 없다. 예를 들어, 10년을 만난 친구임에도 자녀가 몇인지, 직장에서 어떤 일을 하는지, 어떤 음식을 좋아하고 싫어하는지조차 모르는 경우도 있다. 그렇기에 상대방은 종종 당혹해한다. "나는 회 잘 못 먹잖아", "아~ 그랬지. 내가 깜박했네' 식의 대화가 오갈 수밖에 없다. 인간관계가 잘 안 되는 이들은 관계를 유지하지만 사실 관심의 초점이 늘 자신에게만 있었기에 상대방의 이야기들이 쌓여 있지 않다. 스쳐 지나가는 것이다. 그러니 시간이 지나도 상대에 대해 아는 것이 별로 없다. 엉성한 지도만 있을 뿐이다. 둘째, 얼핏 보면 관계 지도가 풍성하지만 자세히 보면 오류투성이인 지도다. 이들의 문제는 정보의 양이 아니라 정확도에 있다. 이들은 관계의 지도가 상대에 대한 엉터리 정보들로 채워져 있다. 이들은 상대를 잘 안다고 생각하지만 사실은 엉뚱하게 알고 있는 경우가 많다. 상대는 예의상 김치찌개가 맛있다고 한 것인데 '이 사람은 김치찌개를 아주 좋아하는 사람'이라고 확정 지어놓거나, 피곤해서 산에 가자는 요청을 거절한 것뿐인데 '이 사람은 등산을 싫어하는 사람'이라고 단정해버리는 식이다. 즉, 이들은 실제 상대를 그대로 바라보는 것이 아니라 자기 멋대로 해석하고 판단해서 입력해놓는 것이다. 그렇기에 오히려 정보의 양이 부족한 것보다 더 큰 문제가 발생하기 쉽다. 자신이 상대를 잘 안다고 생각하기 때문이다. 당신은 어떤가? 당신에게 중요한 사람들과의 관계 지도가 어떤 모습인가?

삶에 있어서 중요한 것은 관계의 지도만이 아니다. 상대를 아는 것보다 더 중요한 건 나를 아는 것이다. 즉, 자기 인생을 살아간다는 건 **'자기 지도me map'**를 만들어가는 것이라고 할 수 있다. 우리가 태어났을 때의 자기 지도는 백지에 가깝다. 모든 것은 가능성으로만 존재한다. 자라면서 우리가 해야 할 일은 나를 탐색하고 발견해나가는 것뿐만이 아니라 그 가능성을 실현시켜가는 것이다. 취향 역시 마찬가지다. 취향은 씨앗으로만 주어졌을 뿐이다. 그것을 이해하고 키우고 분화시키고 풍요롭게 만들어가는 것은 경험과 배움 속에서 이루어진다. 자기 이해를 잘하는 사람일수록 자기 지도는 풍성해진다. 그리고 이는 삶을 보다 안정되고 풍요롭게 만들어가는 데 밑바탕이 된다. 자기다움은 자기 이해의 정도가 좌우하기 때문이다. 이 자기 이해에서 가장 중요한 것이 바로 취향에 대한 이해다. 이는 '나는 무엇을 좋아하고 무엇을 싫어하는가?' '왜 이것은 끌리고 저것은 싫은가?'라는 질문과 탐색, 응답으로 심화되어간다. 이 질문은 전 생애를 통해 이어져야 한다. 나는 변화하는 존재이기 때문이다. 당신의 취향의 지도는 어떤가? 당신은 자신이 무엇을 좋아하고 무엇을 싫어하는지 얼마나 알고 있는가?

5

최고의 나를 만나는 시간, 오티움

우리는 스스로 자신을 어떤 사람이라고 규정할 수 있다. 그러나 이는 경험이 뒷받침되지 않으면 안 된다. 예를 들어, '나는 운동을 좋아한다'라고 하는 사람이 실제로는 운동을 별로 하지 않는다면 운동을 정말 좋아하는 것일까. 생각이 아니라 경험이 우리를 설명해준다. 그러나 얼마나 많은 경험을 해야 자신을 그런 사람이라고 이야기할 수 있을까? 그것은 단지 횟수의 문제만은 아닐 것이다. 실제 우리가 날마다 경험하는 일들은 정말 많다. 그러나 그 경험들이 다 나를 이루는 것은 아니다. 대부분은 그냥 스쳐가는 경험들이다. 적어도 자기를 이루려면 경험 이상의 것이어야 한다. 이를 위해 우리는 '**경험**經驗'과 '**체험**體驗'을 구분할 필요가 있다. 경험은 표면적인데 비해 체험은 한 사람의 일부가 되는 깊은 경험을 말한다.

체험은 하나의 외부적 사건이 아니라 한 개인이 그 경험을 통해 마음이 움직이고 감동하고 의미를 부여하고 기억으로 저장되는 내적 경험을 말한다. 즉, 경험들이 아니라 체험들이 내가 누구인지를 드러낸다. 체험은 감정을 동반하고 감각을 일깨우고 새로운 생각을 불러일으키며 정체성의 일부가 되기 때문이다. 그런 의미에서 오티움은 경험이 아니라 체험이다.

무엇을 할 때 기쁘세요?

———

나는 취향의 우열은 없지만 취향의 무게는 있다고 생각한다. 어떤 취향은 가볍고 어떤 취향은 무겁다. 사람에 따라 다르다는 말이 아니라 자신의 취향 중에 사소한 것도 있고 중요한 것도 있다는 말이다. 예를 들어, 어떤 라면을 좋아하느냐, 라면을 끓일 때 어느 정도 익히느냐, 계란을 넣느냐 안 넣느냐, 밥을 말아먹느냐 안 말아먹느냐 등 이런 것은 사소한 취향이다. 그에 비해 내가 어떤 사람에게 끌리느냐는 무게가 있는 취향이다. 그 취향에 따라 내가 인생에서 만나는 사람이 달라지기 때문이다. 더 나아가 자신의 삶에 초점을 부여하고 자기 세계의 내용물을 이루는 중요한 취향도 있다. 뼈의 중심에 있는 골수처럼 취향에도 정수精髓가 있다.

"무엇을 할 때 기쁘세요?"

"어떤 활동을 할 때 살아 숨 쉬고 있다는 느낌이 들어요?"

"시간 가는 줄 모르고 어떤 활동에 빠져들 때가 있나요?"

이 질문에 대해 바로 답을 할 수 있는가? 이 질문에 대한 답이 오티움이다. 즉, 오티움은 무게감 있는 취향이다. 만일 당신이 이 질문에 잘 대답할 수 있는 활동이 있다면 당신의 삶은 개성과 초점, 방향을 가질 수 있다. 물론 방향이 혼란스러운 것은 이러한 초점이 없어서일 수도 있지만 너무 많아서도 생겨날 수 있다. 이것도 좋고 저것도 좋거나 이것도 잘하고 저것도 잘하기 때문에 갈팡질팡할 수 있다. 그러나 이 역시 강약이 있기 때문에 흔들림이 있더라도 결국 어느 한 방향으로 향할 수 있다.

문제는 이 질문에 대해 답을 하는 게 너무 힘든 경우다. 아무리 고민해도 답이 떠오르지 않는다면 자신의 색깔을 지니기가 어렵다. 다만 이 질문을 너무 거창하게 받아들일 필요는 없다. 꼭 박장대소만이 웃음이 아니다. 가벼운 미소 또한 웃음이다. 어떤 활동을 했을 때 기쁨을 느끼느냐는 질문 또한 마찬가지다. 기쁨이 늘 항상 콸콸 샘솟아나야만 하는 것은 아니다. 어쩌다 한 번씩 느낄 수도 있고, 가랑비처럼 살짝 적셔도 된다. 지금 그러한 활동이 없다고 해서 아예 없는 것도 아니다. 돌아보면 당신의 인생 중에 어떤 시점에서는 그러한 활동이 있었다. 이 질문을 어린 시절로 되돌려보면 다를 수 있다. 지금은 그런 게 없다고 하더라도 어릴 때는 재미있는 무언가가 당신한테 있었지 않은가! 우리는 다음 장에서 그 오티움을 다시 찾을 것이다. 오티움이야말로 취향의 정수다. 억지로 하는 일 말고, 스스로 마음이 끌려서 어떤 활동과 경험을 하느냐가 우리를 다른 사람과 구분 짓게 해준다. 이 오티움에 따라 당신은 누구와 함께, 어디서, 무엇을 할지 삶의 내용이 달라질 수 있다. 당신이 어울리는 사람이 달라지고, 대화의 주제도 달라지고, 정서의 결 또한 달라질 수 있다. 그것이 당신의 진정한 관심사를 말해주기 때문이다.

최고의 나를 만나다

"나도 움직일 수 있는 사람인데 거의 한자리에 심어놓은 식물에 가깝지 않나 혼자 생각할 때도 있어요. 일도 청소, 빨래 같은 두 가지 세 가지 일을 한꺼번에 몰아서 하지 않으면 직성이 안 풀려요. 어떻게 하든 시간을 손뜨개에 쏟아붓고 싶어서요. 제게는 그 시간이 가장 좋아요. 나의 노력으로 어떤 경지에 도달해서 스스로 만족하는 것이지 남이 절대 내 자신을 만족시켜 주지 않죠."

한 방송국에서 방영된 〈몰입〉이라는 프로그램에 출연했던 윤정숙 씨의 이야기다. 남이 나를 만족시켜주는 것이 아니라 내가 어떤 경지에 도달해서 만족하는 거라는 그녀의 말이 내 마음에 화살처럼 박혔다. 그녀는 손뜨개질의 대가로 단 하루도 거르지 않고 손뜨개를 한다. 방송에 소개될 당시에는 그 세월이 자그마치 32년이라니 지겨울 만도 하지 않을까? 그러나 시간이 지날수록 오히려 더 심취하고 있다고 했다. 왜 그럴까? 어떤 이들은 매일 반복되는 활동이 지긋지긋하다고 하지만, 왜 어떤 이들은 그것을 행복이라고 느낄까? 사람마다 그 행복의 포인트는 다를 것이다. 윤정숙 씨는 매일 하는 뜨개질에서 '최고의 자신best self'을 만난다고 한다. 그녀는 실과 바늘로 무언가를 만들 때 무아지경에 빠져든다. 그럼, 우리는 언제 '최고의 나'를 만날 수 있을까? 그것은 모두 다르다. 다만 공통점은 나의 능력을 충분히 발휘하여 자력의 행복을 만들어 낼 때다. 누군가 나를 기쁘게 해주는 것이 아니라 스스로 나를 기쁘게 할 때 '최고의 나'를 만날 수 있다.

주부인 현미 씨(51세)는 달리기가 취미다. 그녀가 달리기를 시작한 것은 체중감량 때문이었다. 살을 빼겠다고 달리기를 시작했지만 처음에는 살도 빠지지 않고 무엇보다 혼자 달리다보니 너무 재미가 없었다. 그녀는 인터넷 검색을 통해 한 달리기 동호회를 알게 되었다. 그리고 그곳에서 다른 사람들을 만나 함께 달리기 시작했다. 그녀는 애초에 마라톤은 생각조차 하지 않았다. 그냥 함께 조깅하는 정도로만 생각했다. 그러나 '함께 달리기'의 즐거움에 빠져 태어나서 한 번도 생각하지 못했던 풀코스 마라톤까지 뛰게 되었다. 2018년 가을이었다. 처음 도전했던 풀코스의 경험은 말할 수 없는 환희와 절정감을 선사해주었다. 그 경험을 토대로 자신에 대한 관점이 달라졌다. 부모님의 기대에 부응하려고 애를 썼지만 늘 충족시켜드리지 못해 힘들었던 학창 시절, 자녀들에게 헌신하며 자신을 잊고 살았던 결혼 시절…. 돌이켜보면 늘 열심히 살았지만 뭔가 부족했다. 자신에게 당당하지 못했다. 그러나 마라톤을 하면서 외부로 향했던 주의가 온전히 내부로 향하는 느낌이었다. 그녀는 달리기를 통해 자신의 몸과 마음을 자신이 원하는 곳까지 이끌어갈 수 있음을 경험했다.

"달리기 전에는 귀찮고 하기 싫을 때가 많지만 달리기를 시작하면 거짓말처럼 기분이 달라집니다. 그렇게 상쾌할 수가 없어요. 나무와 하늘과 강을 바라보며 달리다 보면 잔잔한 기쁨이 일어납니다. 아무리 힘든 일이 있더라도, 그 감정을 토로할 사람이 아무도 없더라도 달리고 나면 그 감정이 사라져요. 내가 나를 조절할 수 있다는 자신감! 달리기를 통해 나는 '최고의 나'를 만나고 있다는 생각을 합니다."

오티움은 경험이 아니라 체험이다. 오티움 활동은 나의 세계를 축조하는 시간이다. 오티움을 통해 나의 가능성과 잠재력을 만난다. 그렇기에 오티움은 '최고의 나'를 만나는 시간이 된다. 그것은 남들보다 잘하는 나를 의미하는 것이 아니라 '진정한 나'를 만나는 걸 의미한다. 10여 년 넘게 한결같이 야생화 사진을 찍는 경호 씨(61세)는 자신의 오티움에 대해 이렇게 말한다.

"저는 사진을 찍을 때 진정한 제 자신과 만납니다. 접사렌즈를 통해 야생화를 바라보고 있으면 황홀감에 빠질 때가 많아요. 말로 형용할 수 없을 만큼 신비롭고 아름답죠. 셔터를 누르는 것도 잊어버려요. 신기한 건 똑같은 야생화를 두고 동호회 사람들이 사진을 찍으면 모두 다른 사진이 나온다는 거예요. 전부 자기만의 사진을 찍는 겁니다. 그렇게 찍은 사진을 바라보면 '내가 나라는 느낌'이 뚜렷해져요. 동호회 사람들과 함께 전시회를 개최하게 되면 부담도 되지만, 한편으로는 액자에 걸린 사진을 보며 정말 내가 찍은 것이 맞나 싶을 때가 있어요. 스스로에게 박수를 치고 싶어집니다. 제가 대단한 일을 해낸 것처럼 자랑스러워요."

사람은 어쩔 수 없이 살아가는 것이 아니라
자신이 원하는 삶을 만들어가고 싶어 하는 존재다.
그것이 꼭 위대하고 거창할 필요는 없다.
내 영혼이 작은 기쁨을 느끼는 나만의 세계를 만드는 것
또한 훌륭한 삶이다.
그 시작이 바로 오티움이다.

3장

나만의 오티움을 찾는 방법

"일에서 벗어나
진짜 나를 발견하다"

1

어느 날 문득 찾아오다
: 우연한 이끌림

    당신은 사랑하는 사람을 어떻게 만났는가? 어떻게 그 사람과 사랑에 빠졌는가? 세상에서 가장 재미있는 것이 사랑 이야기다. 그 이야기들은 정말 제각각이다. 어떤 사람들은 영화처럼 첫눈에 반한 경우도 있다. 도대체 상대에 대해 뭘 안다고 만난 지 며칠 만에 프러포즈를 할 수 있을까? 어떤 이는 십년 넘게 별다른 감정 없이 지내던 동료였다가 어느 날부터 묘한 감정이 일어나 사랑이 되기도 한다. 알 수 없는 일이다. 다 저마다의 인연이 있을 뿐. 오티움을 만나는 과정도 그렇다. 어떤 이는 강렬한 이끌림에 의해 오티움을 만나기도 하고 어떤 이는 처음에는 아무런 즐거움을 못 느꼈는데 어느 순간부터 확 끌릴 수도 있다.

강렬한 이끌림

현대무용의 거장 마샤 그레이엄Martha Graham은 춤의 원칙을 모두 바꾸어놓았다고 평가받는다. 그녀는 언제 춤을 시작했을까? 그리고 어떻게 춤을 만났을까? 그녀의 나이 열일곱 살 때의 일이다. 그녀는 로스앤젤레스 오페라하우스 앞을 지나가고 있었다. 문득 공연 포스터 하나가 눈에 들어왔다. 힌두교의 주신인 크리슈나의 연인으로 분장한 무용가 루스 세인트 데니스Ruth St. Denis의 사진이었다. 루스는 금빛 팔찌를 끼고 화려한 옷차림으로 옥좌 모양의 단상에 책상다리를 하고 앉아 있었다. 순간 그녀는 그 공연을 너무나 보고 싶어졌다. 아버지를 졸랐다. 공연을 보면서는 완전히 혼을 빼앗기고 말았다. 무대를 휘어잡는 루스의 모습에 정신을 차릴 수가 없었다. 그녀도 무대에 서고 싶었다. 그러나 무용을 배우지 않은 그녀가 뒤늦은 나이에 무용을 시작할 수 있겠는가! 그녀는 고개를 저었다. 스스로를 다독였다. 하지만 춤을 추고 싶은 욕망은 꺼지지 않았다. 결국 스물두 살이라는 꽤 늦은 나이에 무용을 배우기 시작했다.

물론 그녀는 여가 활동이 아니라 가슴 뛰는 일을 만난 경우라고 볼 수 있다. 그러나 여가 활동이라고 다르지 않다. 벨리댄스를 즐기는 영어강사 수정 씨(45세)의 경우를 보자. 그녀는 춤이라고는 담을 쌓고 지냈다. 학창 시절에 춤을 잘 추는 아이들을 보면 부러

윘지만 그녀와는 별로 상관없는 일이라고 생각했다. 대신 공부를 잘했다. 대학에 간 뒤로 친구들과 클럽에 몇 번 간 적이 있지만 늘 쭈뼛거리며 어울리지 못했다. 그러다 30대 중반에 해외여행을 갔다가 벨리댄스를 처음 관람했다. 그것도 무대 바로 앞자리에서 였다. 무용수들의 현란한 움직임이 그녀의 코앞에서 펼쳐졌다. 그녀는 벨리댄스와의 첫 만남을 이렇게 기억했다.

"모두가 손뼉을 치며 재미있게 즐기는데 딱 한 사람만은 즐기지 못했습니다. 바로 저였습니다. 제가 공연을 즐기지 못했던 건 춤에 넋을 놓고 빠져들었기 때문입니다. 화려한 의상과 춤, 물아일체의 경지에 도달한 것처럼 보이는 댄서, 이국적인 음악까지…. 정신을 잃을 것만 같았습니다. 그렇게 강렬한 경험은 처음이었습니다. 공연 내내 말이 없고, 끝나고 집으로 가는 길에도 조용한 저를 보며 친구들은 재미가 없었냐고 물어보았습니다. 아마도 친구들의 눈에는 신나게 즐기지 못하는 제가 이상해 보였나 봅니다. 그들의 오해와는 달리 저는 그날 이후 떠나는 날까지 매일 벨리댄스 공연을 보러 갔습니다."

무엇이 건드려졌던 걸까? 여행 내내 벨리댄스에 꽂혔다. 여행 후로도 그 이끌림은 사라지지 않았다. 영상들을 찾아보기 시작했다. 보면 볼수록 흥미가 생겼다. 자신도 춤을 추고 싶어졌다. 망설임 끝에 춤을 배웠다. 자신의 몸 안에도 깨워주기만을 기다려왔던 강렬한 리듬이 있었다. 그녀는 자신이 그렇게 춤을 좋아할 줄 몰랐다. 게다가 많은 사람 앞에서 몸매를 드러내며 과감한 춤을 추는 건 상상조차 할 수 없는 일이었다. 그러나 무대에 한 번 올라가는 것이 힘들었지 그 이후로는 오히려 무대를 즐기고 있다. 옛날의 그녀를 아는 사람들은 물론이거니와 일상의 모습만 보아온 사람들은 하나같이 놀란다. 무대 위의 그녀와 무대 아래의 그녀는 정말 다른 사람처럼 보이기 때문이다. 그 춤이 이제 10년을 넘었다. 그녀가 만일 해외여행을 가지 않았다면 어땠을까? 갔더라도 그날 공연 대신 다른 투어를 다녀왔다면 어떻게 되었을까? 모를 일이다. 아무튼 오티움을 만나는 것 역시 말로는 설명할 수 없는 어떤 인연처럼 찾아오는 경우가 있다. 첫눈에 반하는 사랑과 같은 강한 이끌림이 일어난다. 어느 순간 너무 하고 싶고, 아주 오래전부터 그것을 원했던 것처럼 강렬하게 이끌린다.

우연을 가장한 만남

모든 만남이 의도나 계획에 의한 게 아닌 것처럼 오티움 역시 우연처럼 찾아온다. 동생이 선물 받은 디지털드로잉 펜을 보고 우연히 그림을 그리기 시작한 이도 있고, 친구를 만나러 베이킹 학원에 갔다가 자신도 베이킹을 시작한 이도 있다. 통역사로 일하고 있는 주경 씨(48세)는 6년째 발레를 하고 있다. 그것은 아주 우연적인 만남이었다. 평소 운동을 좋아하던 그녀는 6년 전에 실내 암벽을 타는 걸 배우려고 암장을 찾았다.

"그전에 운동을 여러 개 했는데 새로운 걸 해보고 싶었어요. 그래서 실내 암벽을 배우러 갔는데 너무 힘들더라고요. 터덜터덜 걸어오는데 우연히 발레 간판이 눈에 들어왔어요. 순간 '저걸 해볼까?'라는 생각이 들어 청강을 신청했죠. 청강을 하는 날 바로 이걸 해야겠다는 생각이 들었습니다. 아주 우연히 찾아온 거죠."

직장인 두열 씨(29세) 역시 그런 경우다. 그는 우연히 TV 채널을 돌리다가 한 다큐멘터리 프로그램에 시선이 꽂혔다. 유기견들의 실태를 다룬 방송이었다. 사람들에게서 버려진 유기견들을 보며 눈물이 났다. 너무 측은했고 뭔가 돕고 싶어졌다. 그런데 바로 마음을 접었다. 지금은 할 일이 많다고 생각해서다. 그런데 얼마 있지 않아 또 비슷한 방송 프로그램을 봤다. 이후로 유기견 센터가 계속 생각났다. 가서 눈으로 한 번은 보고 싶었다. 처음에는 딱 한 번만 갔다 오자는 마음으로 찾아갔다. 그러나 그럴 수가 없었다. 그것이 인연이 되어 정기적으로 유기견 보호소 봉사활동을 다니고 있다. 특별한 일이 없는 한 매주 주말에 다녀오고 있다. 보통 한 번 가면 5~6시간 정도 소요되는 일이라 처음에는 얼마나 오래 할 수 있을지 자신할 수 없었다. 그러나 벌써 3년이 넘었다.

지금은 대학원에 다니는 민정 씨(41세)는 5년 전 직장에서 번아웃을 경험했다. 무기력한 상태에 빠져 있을 때 우연히 TV에서 말기 암환자의 강연을 보게 되었다. 그는 살날이 얼마 남지 않았음에도 불구하고 의연한 모습으로 강의를 했다. 그가 하는 일이 죽음 앞에서도 담담할 수 있도록 큰 힘이 되었다고 했다. 그는 그림을 설명해주는 도슨트 윤운중 씨였다. 원래 미술을 전공한 사람도 아니었는데 유럽여행 가이드를 하다가 그림에 빠져 도슨트가 되었다는 사연 또한 감동이었다. 무엇보다 자신과 비슷한 나이에 꿈을 찾아 새로운 일에 뛰어들었다는 것이 놀라웠다. 방송을 보고 난 후 또 충격을 받았다. 검색해보니 그 사이에 이미 고인이 되어 있었던 거다. 그녀는 다시보기를 통해 그 강의를 보았는데 강의 후 불과 한 달여 만에 세상을 떠난 것이었다. 그녀는 고인이 남긴 책을 읽기 시작했다. 고인은 그녀의 가슴속에 숨어 있던 미술에 대한 열정을 끌어내어 주었다. 공부는 점점 깊어졌다. 미술공부와 함께 신화와 역사, 성경에 대한 공부까지 했다. 공부만으로는 양이 차지 않았다. 본격적으로 미술관 여행을 시작하게 되었다. 미술관을 중심으로 여행을 가고, 출장을 가더라도 꼭 주변의 미술관은 들렀다가 돌아왔다. 이제 전공을 제외한 제1의 관심사는 그림이다. 이렇듯 어떤 오티움들은 찾지 않아도 우연처럼 당신 앞에 제 모습을 드러낸다.

2
묻고 또 물으면 찾게 된다
: 자기 탐색

자기 공부! 이런 이야기를 들어본 적이 있는가? 우리는 세상에서 자기 자신을 가장 중요하게 여긴다. 그러나 정작 자기 자신을 공부의 대상으로 생각하지 않는다. 그것을 이상하게 생각하지도 않을뿐더러 놀랍게도 공부를 하지 않았음에도 자신을 잘 안다고 생각한다. 얼핏 생각하면 그렇다. '나만큼 나를 잘 아는 사람이 누가 있을까!' 그럴지 모른다. 그러나 과연 그럴까? 내가 알고 있는 내가 과연 나일까? 우리는 '나'를 공부의 대상으로 삼아야 한다. 왜냐고? 나를 잘 모르기 때문이다. 우리는 흔히 공부는 끝이 없다고 이야기한다. 맞다. 자기 공부도 끝이 없다. 나를 잘 안다고 이야기하는 사람들은 자신의 변화 가능성에 주목하지 않는 이들이다. 이들이 알고 있는 것은 '과거의 나'이거나 어느 한 면만 바라본 '평면의 나'에 불과하다. 우리는 자기를 공부해야 한다. 자기를 파헤치고, 이해하고, 실험해서 입체적으로 바라보고 새롭게 재구성해야 한다.

나를 공부한다는 것

행운인지 불운인지 우리는 과거에 존재하지 않았던 새로운 시간을 살아가고 있다. 100세 시대를 맞아 삶은 더 이상 단수life가 아니라 복수lives가 되었다. 인생은 너무나 길어져서 몇 개의 직업을 가져야 하고, 우리는 몇 개의 인생들을 살아가야 한다. 그 말은 우리의 정체성 역시 유연해져야 한다는 걸 뜻한다. 나는 이런 사람이라고 규정짓는 것은 위험한 일이다. 이 시대에 있어 안정적인 정체성은 건강함이 아니라 취약함이다. 우리의 정체성은 유연해야 하고 시대와 상황에 맞게 변화해야 한다. 그렇기에 자신을 공부해야 한다.

사실 공부라는 말만 들어도 싫은 사람이 있을지 모른다. 우리에게 공부란 늘 좋은 학교를 가고, 자격증을 따고, 취직을 하기 위한 방편으로써의 공부였기 때문이다. 지금 우리에게 필요한 것은 진짜 공부다. 자기 관심사에 기초해서 알면 알수록 재미있는 공부, 나와 인간과 세상을 통찰할 수 있는 공부, 그 공부를 통해 내가 세상에 참여하는 공부, 끊임없이 나를 대상으로 실험하고 삶 속에서 새로운 시도로 이어질 수 있는 그러한 실천적인 공부가 필요하다. 나를 공부해야만 나를 이해할 수 있다. 자기를 안다는 것은 단지 내가 무엇을 좋아하고 무엇을 싫어하는지 분류하는 데 그치지 않는다. 좀 더 깊이 파고들어가야 한다. '나는 ○○의 어떤 면이 좋은 가? 나는 ○○의 어떤 면이 싫은가?' 등을 세부적으로 이해할 수 있어야 하고 그 세세한 면들을 관통하는 공통점들을 꿰고 있어야 한다. 이번 장에서는 자신의 오티움을 어떻게 만날 수 있을지 그 탐색의 여정에 대해 이야기하려고 한다. 먼저 중요한 원칙을 나열하고 하나하나 살펴보도록 하자.

첫째, 자신의 과거 생애를 치밀하게 살펴보라

나의 영혼을 기쁘게 하는 활동은 사실 한 번도 하지 않은 경험이라 기보다 당신의 삶에서 언제가 만났던 경험일 확률이 높다. 다만 여러 가지 이유로 인해 한동안 잊고 지냈을 가능성이 많다. 자신의 일기, 메모장, 편지, 가입했던 동호회, 수강했던 강좌 등 과거의 기록을 자세히 살펴보자.

둘째, 자신의 현재 일상을 관찰하라

오티움은 일상 속에서도 그 일부가 드러나 있을 수 있다. 특히 당신이 좋아하는 활동이나 취향을 잘 살펴봐야 한다. 당신이 지금 읽고 있는 책, 좋아하는 집안일, 신문을 볼 때 가장 먼저 보는 면, 즐겨찾기 해놓은 웹페이지, TV 채널 등 그 모든 것이 오티움 발견의 열쇠가 될 수 있다. 다만 깊이 살펴봐야 한다.

셋째, 다양한 실험과 경험을 하라

과거의 생애 분석과 일상 관찰만으로 오티움을 찾기 어려울 수 있다. 실제로 직간접 경험을 통해 자신의 오티움을 몸으로 확인하는 과정이 필요하다. 시작하기 전에는 자신에게 잘 맞는 활동이라고 생각했지만 막상 해보면 자신에게 안 맞는 경우가 많다. 다만, 그것은 좌절이나 실패가 아니라 자신을 잘 알아가는 계기라고 할 수 있다. 생각해보라. 열쇠 꾸러미를 들고 방문을 열었는데 열리지 않았다면 이제 남은 열쇠 중에서 방문이 열릴 가능성은 더 높아진 것이다.

지금부터는 앞서 소개한 첫째, 둘째 방식을 좀 더 자세히 살펴보도록 하자.

<자기 탐색법 1: 생애 탐사>

오티움은 사람마다 다르다. 남들에게 아무리 좋은 활동이라도 나와 안 맞으면 아무런 소용이 없다. 그것을 어떻게 찾아야 할까? 검사 도구 같은 게 있으면 참 편리할 것이다. 그러나 직업적성 검사를 한다고 그 직업이 당신에게 잘 맞는다고 누가 보장해줄 것인가? 오티움은 스스로 찾아야 한다. 당신에게 잘 맞는 오티움은 무엇일까? 한번 상상해보자. 나와 글쓰기? 나와 그림 그리기? 나와 탱고? 나와 심리학? 나와 요가? 나와 마라톤? 나와 집 인테리어? 나와 정원 가꾸기? 나와 요리? 나와 문화해설? 나와 비누공예? 나와 시 창작?

사실 자신에게 지속적 기쁨을 주는 활동은 지금까지 한 번도 안 해본 활동보다는 해본 적이 있는 활동이기 쉽다. 지금까지 살아오면서 자신도 모르게 끌렸을 것이기 때문이다. 그렇다고 똑같은 활동을 했을 거라는 게 아니다. 유사한 활동을 해보았을 가능성이 높다. 가죽공예가 오티움이라면 어린 시절에 무언가를 만들며 놀았을 수 있고, 분재 가꾸기가 오티움이라면 어린 시절에 꽃씨를 뿌려 길러본 적이 있을 수 있고, 그림 그리기가 오티움이라면 학창 시절에 혼자서 그림엽서를 만들었던 경험이 있을 수 있고, 시 창작이 오티움이라면 어린 시절 비 오는 날에 혼자 시를 쓴다고 끄적거려본 경험이 있었을 것이다. 물론, 이것저것 해보면서 오티움을 찾아가도 좋지만 좀 더 시행착오를 줄일 생각이라면 자신의 지난 삶을 통해 오티움을 찾아보자. 특히, 시간 가는 줄 모르고 빠져들었던 어렸을 적 활동들은 성인이 되어서도 그대로 오티움으로 이어지기 쉽다. 어린 시절에 자신을 기쁘게 해주었던 활동에 대해 생각해보자.

가. 관심사

미향 씨(49세)의 오티움은 프랑스어 공부다. 그녀는 사십 대 중반이 넘어 프랑스어를 다시 배우기 시작했다. 아이들이 자라자 무언가를 배우고 싶은 마음이 들어 여러 취미 활동을 시작해보았지만 어느 것도 꾸준히 하지 못했다. 그러다가 고등학교 학창 시절이 떠올랐다. 공부는 통 재미가 없어 흥미를 끌지 못했는데 오직 한 과목만은 그렇지 않았다. 프랑스어 시간이었다. 일주일에 딱 두 시간이었던 프랑스어 시간만 되면 생기가 돌았다. 누가 시키지도 않았는데 공부를 위해 불어책도 사고, 해외 펜팔도 했다. 하지만 대학에 간 이후로는 새까맣게 잊고 말았다. 그 기억이 떠오르자 그녀는 다시 프랑스어 공부를 시작했다. 완전히 잊어버린 줄만 알았는데 얼마가지 않아 친숙하게 느껴졌다. 여전히 재미있었다. 2년 정도 어학원 강좌를 들으며 자신감이 붙자 이후로는 주로 혼자서 공부했다. 지금은 프랑스 문학을 공부하는 모임도 만들고 프랑스 회화를 하는 모임도 만들어서 자신이 이끌어가고 있다.

이렇게 가만히 지난 시절을 떠올리면 나만의 오티움의 단초를 찾을 수도 있다. 어린 시절부터 하고 싶었던 크고 작은 꿈, 자연스럽게 관심이 끌렸던 대상, 살아오면서 누군가의 활동을 보며 '아, 나도 저렇게 살고 싶다!'라고 느꼈던 일 등을 떠올려보자. 당신은 어떤 일이나 활동에 마음이 끌렸는가? 다음 박스 안에 번호를 붙여가며 적어보자.

나. 몰입 경험

사람은 가장 뛰어난 재능들을 사용할수록 기분이 좋아지도록 설계되어 있다. 갑작스럽게 꽂혀서 자신도 모르게 이끌려서 했던 일, 유난히 어떤 과제나 일에 대해 지속적으로 끈기를 발휘했던 일, 어려움에 부딪혀도 오히려 더 하고 싶다는 열망이 피어나는 일, 시간 가는 줄도 모르고 매달렸던 활동이 무엇이었는지 떠올려보자. 어떤 사람은 학창 시절 수업 시간에 소설을 쓸 정도로 글쓰기에 깊이 빠져들었던 적이 있을 수 있고, 밤을 새워 전자기기나 컴퓨터를 분해하고 재조립하는 것에 시간을 보내본 적이 있을 수 있다. 혹은 옥상에 천체망원경을 설치하고 별자리를 관찰하기 위해 한겨울에도 시간을 보낸 적이 있을지도 모르고, 곤충이나 동물을 기르면서 그 습성을 파악하기 위해 뚫어져라 관찰하느라 시간 가는 줄 몰랐던 적이 있었을지도 모른다.

이렇게 몰입했던 시간은 당신의 오티움을 만날 수 있는 가장 중요한 단서다. 당신은 어린 시절에 무엇을 할 때 시간이 흐르는 줄도 모르고 푹 빠졌는가?

_____

_____

_____

_____

_____

_____

다. 빠른 학습 능력과 성취 경험

같은 노력과 시간을 기울였는데도 남보다 빠르게 익힌 것, 새로운 것임에도 마치 잘 알고 있었던 것처럼 여겨지던 일과 활동을 떠올려보자. 이러한 활동 속에는 당신의 강점이 들어 있고, 이는 오티움으로 이어질 수 있다. 예를 들어 초등학교 시절에 남들과 똑같이 배웠는데 단소나 피리를 잘 불었을 수도 있고, 체육 시간에 유난히 구기 운동을 잘해서 반대표로 출전을 했거나, 춤을 잘 춰서 응원단장을 했을 수도 있다. 이러한 학습 능력은 당신의 강점과 소질을 이야기해준다. 그리고 그 재능은 여전히 발견되기를 바라는 원석처럼 당신 속에 감추어져 있을 수 있다.

라. 칭찬받았던 일

어릴 때부터 어떤 칭찬을 받았는지 잘 생각해보자. 특히, 누군가를 감동하게 만들었거나 다른 사람으로부터 진심 어린 감사의 말이나 선물을 받았던 일 등을 떠올려보자. 초등학교 시절에 백일장에 나가 상을 받았던 기억, 중학교 때 교실 환경미화를 맡아 칭찬받았던 기억, 중학교 때 그림엽서를 만들어 선물했는데 친구가 너무나 좋아했던 기억 등 살아오면서 자신의 활동에 대한 긍정적인 피드백을 받았던 기억을 떠올려보자.

<자기 탐색법 2: 일상 자세히 들여다보기>

오티움은 평생 몇 번 할 수 있는 특별한 활동이 아니라 일상에서 어렵지 않게 할 수 있는 여가 활동을 말한다. 게다가 두리뭉실한 활동이 아니라 초점이 있고 깊이가 있어야 한다. 그러므로 실제 오티움은 이미 일상에서 접했던 활동이거나 어쩌면 지금도 하고 있는 활동과 관련되었을 수도 있다. 따라서 오티움을 찾기 위해서는 일상의 활동을 잘 관찰하는 게 중요하다. 꼭 멀리서 찾을 일이 아니다. 사소한 것이라도 일상의 관심사를 세밀하게 살펴보자. 굳이 여가 활동에서만 찾을 필요도 없다. 집안일에서도 오티움의 단서가 있을 수 있고, 당신이 하는 회사 일에서도 오티움의 단서가 있을 수 있다. 기본적으로 일상을 자세히 관찰하는 과정은 다음과 같다.

1. 일상의 활동과 당신의 관심사를 깊이 파고 들어가 보자. 만약 당신이 요즘 요리에 부쩍 관심이 생겼다고 하면 요리의 어떤 면이 자신을 즐겁게 해주는지를 파헤쳐보자. 요리 재료나 요리 기구를 사는 것이 좋은가? 요리를 하는 과정이 즐거운가? 자신만의 새로운 레시피를 만들어내는 것이 기쁜가? 음식을 플레이팅하는 것이 즐거운가? 음식을 통해 사람들을 초대하고 이야기를 나누는 게 즐거운가?
만약 음식 재료를 사거나 사람들과 이야기를 나누는 것이 요리를 만드는 즐거움의 핵심이라면 요리는 당신의 오티움이 아닐 수 있다. 그러나 요리를 하고, 새로운 레시피를 개발하고, 음식을 플레이팅하는 것이 즐겁다면 당신의 오티움은 요리가 될 수 있다.

2. 오티움은 초점이 있다. 어떤 요리든지 다 좋아하더라도 하면 할수록 깊어지는 영역이 있다. 요리 대상을 좀 더 구체화해보자. 특히, 어떤 요리가 당신의 마음을 끄는가? 제빵이나 케이크 만들기, 한식, 중식, 일식 등등 곰곰히 따져보자.

3. 오티움은 배움과 깊이를 추구한다. 요리를 위해 지금 강좌를 듣거나 동호회에서 활동할 의향이 있는가? 만약 이 질문에 긍정적인 대답이 나온다면 좀 더 체계적으로 요리를 배워보자. 요리는 당신의 오티움이 될 수 있다.

자, 이번에는 다른 예를 들어보자. 만약 당신이 독서를 좋아한다고 해보자. 당신이 베스트셀러 위주로 책을 읽는다면 독서가 오티움이라고 할 수 없다. 하지만 당신이 어떤 장르, 예를 들어 SF소설이나 미술사에 집중해서 독서를 하고 있다면 이는 오티움의 가능성이 있다. 당신의 독서를 좀 더 세밀하게 관찰해보자.

1. 독서의 어떤 면이 당신에게 즐거움을 주는가? 어떤 이득이나 다른 사람들의 인정이 아니라 '지적 호기심'이 독서의 즐거움이라면 당신에게 독서는 오티움이 될 수 있다.

2. 초점이 있는가? 어떤 분야의 책이 당신의 주된 관심사인가?

3. 당신의 독서는 심화되고 있는가? 같은 관심사를 가진 사람들과 독서모임에 참여할 의향이 있는가? 혹은 직접 독서모임을 만들어볼 의향이 있는가? 즐겨 읽는 독서 분야와 관련된 내용을 다른 사람들 앞에서 강의할 수 있겠는가? 그렇다면 일반적인 독서가 아니라 'SF소설 읽기'나 '미술사 공부'가 당신의 오티움이 될 수 있다.

3

나를 비춰주는 또 하나의 거울
: 가족 연구

엘리즈 셰인Elyse Schein은 프랑스 파리에서 활동하는 미국 출신의 단편 영화감독 겸 작가다. 자신이 입양아라는 사실을 알고 있었던 그녀는 성인이 되자 친부모를 찾아 나섰다. 미국의 여러 입양기관들에 편지를 보낸 끝에 그는 한 입양기관으로부터 놀라운 답장을 받았다. 자신이 일란성쌍둥이였다는 사실이었다. 생각해보라! 세상 어딘가에 자신과 꼭 닮은 또 한 사람이 살고 있다는 것을. 그녀는 수소문 끝에 작가로 활동하고 있는 폴라 번스타인Paula Bernstein을 찾을 수 있었다. 35년 만의 재회였다. DNA의 힘은 위대했다. 둘은 관심사, 식성, 병력, 직업 등이 너무나도 흡사했다. 둘 다 대학에서 영화를 전공했고, 작가로 활동하고 있는 데다가, 우울증을 앓았으며, 심지어 고등학교 시절 신문 편집위원으로 일한 것도 같았다. 두 사람은 자신들이 왜 헤어지게 됐는지, 부모는 누구인지 등을 본격적으로 추적하기 시작했고 2년 뒤 한 권의 책을 완성해냈다.《일란성 타인Identical Strangers》이라는 책이다.

은지 씨는 왜 꽃을 키우고 승훈 씨는 왜 뜨개를 할까?

사실 환경과 유전 중에 무엇이 중요한지는 심리학의 오랜 논쟁이다. 이렇게 끝나지 않고 팽팽하게 이어지는 논쟁은 사실 어느 한쪽이 맞는 것이라기보다 둘 다 중요하다고 보는 게 맞을 것이다. 그렇다면 우리가 무엇을 좋아하는 것 역시 환경이나 문화의 영향뿐 아니라 유전자의 영향을 크게 받을 것임은 틀림없다. 그러므로 나의 오티움을 찾는다고 할 때 좋은 방법 중의 하나는 가족이 하는 일과 여가 활동을 살펴보는 것이다. 가만히 가족을 관찰해보라. 내 모습이 보일 수 있다.

초등학교 교사인 은지 씨(49세)는 시골에서 나고 자랐다. 그녀의 아버지는 농협에 다녔는데 유독 꽃에 관심이 많았다고 한다. 어릴 때 집은 꽃밭이라고 할 정도로 꽃 속에서 살았다. 아버지는 작은 땅만 있어도 꽃을 심었고 낙엽을 모아 거름을 만들고 꽃을 키웠다. 물을 주는 것은 식구 모두의 일이었다. 조금이라도 소홀하면 "너희는 목마를 때 물을 마시면서 애네들은 왜 물을 안 주냐"고 혼내셨다. 그렇게 꽃 속에서 자란 추억 때문일까? 마흔이 넘어서면서 자연스럽게 화초를 가꾸기 시작했다. 정원이 없는 집이라서 지금은 양쪽 계단 난간을 수백 개의 화분이 빼곡히 채우고 있다. 그녀는 아침에 일어나 꽃들과 인사를 나누고 물을 뿌리는 것으로 하루를 시작한다. 매일 하는 일이지만 그 시간이 참 행복하다. 그리고 학교에서는 텃밭을 가꾼다. 다른 사람들은 일로 여기지만 그녀에게는 밭을 가꾸는 시간이 힐링 타임이다. 학교에서의 별명이 '농사의 신'일 정도다. 지금도 아버지와 화초와 농사에 대해 이야기를 하다 보면 시간 가는 줄 모른다. 부전여전이다.

학교폭력 상담사인 승훈 씨(53세)는 실과 관련된 것이라면 뭐든지 관심을 가진다. 뜨개, 홈미싱, 퀼트, 프랑스 자수 등을 통해 웬만한 옷과 집안 소품은 직접 만든다. 그녀는 어떻게 해서 실과 관련된 여가 활동을 하는 것일까? 어찌 보면 너무 간단하고 자연스럽다. 어릴 때부터 늘 친숙한 장면이기 때문이다. 그녀의 어머니는 시간만 있으면 뜨개질을 했다. 실로 자녀들의 옷이며, 장갑, 목도리 등을 다 떠주었다. 그렇기에 누군가에게 따로 배우지 않았지만 어릴 때부터 어머니를 따라서 뜨개를 한 적이 많았다. 그러나 고등학교에 올라가고 나서부터는 까맣게 잊고 살았다. 모든 옷은 사서 입었다. 그러다가 아이가 태어나고 직장을 그만두면서부터 집에 있는 시간이 늘었다. 아이를 키우다보니 자연스럽게 뜨개 생각이

났다. 그렇게 시작한 뜨개는 실과 관련된 다른 영역으로 계속 확장되었다. 어머니가 뜨개질을 하던 시절과는 다르게 마음만 먹으면 얼마든지 집에서도 할 수 있는 게 정말 많았다.

이렇듯 자신의 재능은 부모의 재능과 닮아 있다. 그렇기에 나의 취미는 부모의 취미와 닮아 있을 수 있다.

가족들의 여가 활동을 살펴보라

누군가를 닮았다는 것, 그것은 좋은 일일 수도 있고 끔찍한 일일 수도 있다. 내가 싫어하는 누군가를 닮은 것은 끔찍한 일이지만 내가 좋아하는 누군가를 닮았다는 것은 좋은 일이다. 가족은 그런 일이 다반사다. "너는 어떻게 네 아버지를 빼다 박았냐!" 만약 아버지를 싫어한다면 이런 말은 정말 욕과 다름없다. 우리는 싫어하는 누군가와는 아무것도 같이 하고 싶지 않다. 그 사람이 좋아하는 것은 다 싫을 수도 있다. 어쩔 수 없이 닮은 것까지 부정하려고 한다. 나와 전혀 상관없는 사람처럼 대한다. 그러나 시간이 흘러 내가 싫어했던 가족의 모습을 나에게서 발견하는 일이란 너무 흔하다.

공무원인 희정 씨(43세)는 취미로 그림을 그린다. 그녀의 아버지는 화가였다. 말이 화가이지 엄마에게 아버지는 백수나 다름없었다. 경제적으로 늘 무능했고 엄마가 장사를 하면서 생계를 이어갔다. 엄마는 아빠가 그림을 그리는 것을 보노라면 화가 치밀어 올라 욕을 한바가지 퍼붓고 자신의 신세를 한탄하곤 했다. 그녀에게도 절대 그림 그리는 사람은 사귀지도 말라고 귀에 못이 박히도록 이야기를 했다. 그런 엄마를 보면서 그녀 역시 아버지를 무시했다. 나이가 들면서 점점 아버지가 다가오는 것을 거부했다. 절대 예술가가 되거나 혹은 예술 쪽 일을 하는 사람과 결혼을 하면 안 되겠다고 생각했다. 그러나 피는 물보다 진하지 않은가! 타고난 재능을 감출 순 없었다. 따로 배운 게 없었는데도 미술 시간이 되면 그녀의 솜씨는 고스란히 드러났다. 환경미화는 그녀의 몫이었다. 그러나 칭찬을 들으면 늘 손사래를 치기만 했다. 미술과는 계속 담을 쌓고 지냈다. 엄마의 기대대로 그림과는 전혀 상관없는 공무원이 되었다. 그러다 6년 전에 갑작스럽게 아버지가 돌아가셨다. 한동안 마음이 힘들었다. 아버지를 무시했던 지난 시간이 너무 죄스럽게 느껴졌다. 경제적인 면만 빼면 그녀에게는 참 좋은 아버지였다. 아버지에 대한 미움의 상당 부분은 엄마의 미움임을 알게 되었다. 엄마와 너무 밀착되어 아빠에 대한 엄마의 감정을 그대로 공유하고 살았다는 걸 뒤늦게 깨달은 것이다. 후회와 함께 그리움이 커졌다. 엄마는 아빠가 그린 그림이나 미술 도구를 태워버리자고 했지만 그럴 수 없었다. 그녀가 모두 가지고 왔다. 이후 그녀 역시 자연스럽게 그림을 그리게 되었다.

우리는 자신에 대해서도 모르지만 사실 부모에 대해서도 잘 모른다. 잘 안다고 생각할 뿐이다. 곰곰이 생각해보자. 내가 부모에 대해 정말 알고 있는 것은 무엇인가? 어머니, 아버지라는 역할을 떠나 한 인간으로서 부모에 대해 궁금했던 적이 있었던가? 그렇다고 너무 책망할 필요는 없다. 너무 가까우면 잘 볼 수 없는 법이다. 손바닥을 바로 눈앞에 대보라. 손바닥이 제대로 보이는가! 보일 리 없다. 손바닥을 눈과 어느 정도로 떨어뜨려 놓을 때 비로소 손바닥이 보인다. 손가락 마디가 보이고, 손바닥의 색깔이 나타나고, 잔손금까지 보이기 시작한다. 이제 한 걸음 뒤로 물러나 부모와 형제를 보자.

1. 부모와 형제의 가족도를 그리자. 그리고 한 명 한 명 그들의 취향과 기호를 떠올려보자. 그들의 취미 활동은 무엇일까? 그들은 무엇을 할 때 몰입하고 기쁨을 느꼈을까?

2. 부모와 형제의 여가 활동에 대해 인터뷰해보자. 대화가 어렵다면 문자나 이메일로 소통할 수도 있다. 대화의 핵심 내용으로 다음 사항이 포함되면 좋다.

　① 지금까지 당신의 취미 활동은 무엇이었는가?
　② 일 이외에 당신이 꾸준히 관심을 기울인 것은 무엇인가?
　③ 당신은 어떤 활동을 할 때 시간 가는 줄 모르고 몰입하는가?

④ 앞으로 시간이나 기회가 주어진다면 꼭 배우고 싶은 것은 무엇인가?

3. 부모와 형제에게 나에 대해 물어보자. 내가 알고 있는 것이 나의 전부는 아니다. 그 사람들에게 나는 어떻게 기억되어 있는가? 예를 들면, 나는 어릴 때 곤충이나 동물 키우는 것을 좋아했는데 기억하지 못할 수도 있다. 그러나 부모는 기억할 수 있다. 햄스터를 잘 키우기 위해 잠을 안 자고 햄스터에 대한 공부를 하거나 도망친 햄스터 때문에 잠을 못 자고 찾아다녔던 기억은 부모에게 선명하게 남아 있을 수 있다. 다음 질문을 꼭 넣어서 물어보자.

① 내가 무언가에 정신없이 빠져든 적이 있었는가?
② 나는 무엇을 좋아했는가?
③ 당신이 보기에 내가 잘하는 것은 무엇이었는가?

4

나의 오티움은 무엇일까?
: 오티움 테마

앞서 크게 세 가지로 오티움을 찾는 법을 소개했다. 도움이 되었는가? 아직 자신의 오티움을 찾는 게 막막할 수도 있다. 이제 일반적으로 오티움이라고 이야기할 수 있는 능동적 여가 활동을 테마별로 제시하고자 한다. 오티움 활동을 조금 더 펼쳐서 바라보면 무언가 눈에 띄고 마음이 끌리는 대상이 있을 수도 있다. 물론 중요한 것은 경험을 통해 확인하는 과정이다. 자신이 실제로 좋아하는 것과 좋아한다고 생각하는 것 사이에는 괴리가 있기 때문이다. 다만 좌충우돌하기보다 좀 더 자신에게 어울리는 테마나 활동들을 찾아보면서 그 범위를 좁혀보도록 하자.

왜 나의 활동은 오티움이 아닌가?

———

오티움 테마를 언급하기 전에 다시 한 번 오티움의 정의를 밝혀야 혼란이 없을 듯하다. 오티움은 '내 영혼에 기쁨을 주는 능동적 여가 활동'을 말한다. 앞에서 다섯 가지가 필요하다고 했는데 자기 목적성, 일상성, 주도성, 깊이, 긍정적 연쇄효과다. 그럼에도 여전히 '능동적 여가 활동'의 기준이 혼란스러울 수 있다. 우리는 흔히 취미를 능동적 취미와 수동적 취미로 나눈다. 어떤 사람들은 몸을 움직이면 능동적, 머리로 하면 수동적이라고 여긴다. 과연 그럴까? 또 어떤 사람들은 공예나 시처럼 유무형의 무언가를 만들어야만 능동적이라고 보고, 음악을 듣거나 그림을 관람하는 감상 활동은 수동적이라고 이야기한다. 과연 활동성과 생산성을 가지고 능동과 수동을 구분 지을 수 있을까?

나는 그렇게 이분법으로 능동과 수동을 나누는 것을 반대한다. 모든 사람이 꼭 몸을 써서 여가 활동을 해야 하는 것도 아니고, 모든 사람이 꼭 여가를 통해 무언가를 만들어내야만 하는 것은 아니다. 그것은 서로의 차이일 뿐이다. 본질은 다르지 않다. 능동과 수동을 나누는 가장 중요한 기준은 마음가짐과 태도다. 스스로 선택해서 배우고 익히는 가운데 기쁨을 얻고 점점 깊어진다면 그것은 무엇이든 오티움이다. 그런 의미에서 나는 예술을 감상하고 음식을 음미하고 야구를 관람하는 것 역시 얼마든지 능동적 여가가 될 수 있다고 본다. 다만 수동적 감상과 능동적 감상은 구분할 필요가 있다. 단지 음악을 자주 듣거나 차 마시는 것을 좋아하거나 야구장에 많이 간다고 해서 능동적 여가 활동이라고 할 수는 없다. 감상이 능동적 감상이 되려면 다음 세 가지 조건을 필요로 한다.

첫째, '기쁨'이다. 매일 땀 흘려 운동을 해도 운동 자체에서 즐거움을 느끼지 못한다면 이는 오티움이 아니다. 그에 비해 클래식 음악을 들으며 차분한 행복감에 젖어든다면 이는 오티움이 될 수 있다.

둘째, '공부'다. 능동적 여가는 배움의 과정이 있고 난이도가 있다. 날마다 차나 커피를 마신다고 해서 이를 능동적 여가라고 부를 수는 없다. 차를 좋아한다면 차의 역사부터 재배법, 종류, 다도 등을 적극적으로 배워가는 과정이 필요하다. 이 배움의 과정 덕분에 오티움은 깊어진다.

셋째, '음미吟味'다. 음미란 어떤 대상의 속 내용을 새겨서 느끼거나 생각하는 것을 말한다. 겉으로 드러나는 것만이 아니라 속에 감추어진 의미나 즐거움을 만끽하는 것이다. 공부나 일을 하면서 음악을 듣는 것은 능동적 감상이라 할 수 없다. 음악에 집중하고 이를 음미해야 한다. 재즈라고 한다면 그 곡의 형식이나 구조를 파악하고 가사의 숨겨진 의미를 이해하고 즐길 수 있을 때 능동적 감상이라 할 수 있다. 미술 감상 역시 마찬가지다. 미술관에 가서 도슨트 설명만 듣고 온다고 해서 능동적 감상이라고 할 수 없다. 적어도 화가의 삶을 알고 그림의 시대적 배경을 이해하며 혼자서 작품과 대화를 나눌 수 있을 때 능동적 감상이라고 할 수 있다. 이러한 세 가지 조건을 갖춘 감상 활동이라면 오티움이라고 볼 수 있다. 그렇게 보면 어떤 오티움이라 하더라도 반드시 **'공부'**가 포함되어 있다.

이제 오티움 활동의 11개 테마를 소개한다. 물론 여기에는 논란의 여지가 있을 수 있다고 본다. 예를 들면, 게임이라는 테마나 스포츠 관람이라는 활동이 과연 오티움이 될 수 있는지 의문을 가질 수도 있고, 기도를 여가 활동으로 포함시킨 것에 대해 불쾌감을 느끼는 사람도 있을 것이다. 얼마든지 이견이 있을 수 있다고 본다. 중요한 것은 학문적 접근이 아니라 다양한 여가 활동을 포함시키는 거라고 생각하기에 이에 초점을 두었다. 너무 큰 의미를 두기보다 자신에게 맞는 오티움을 찾기 위한 분류 정도로 이해해주기를 바란다. 그리고 너무 고전적인 기준으로 생각하지 말고 변화된 시대상을 반영할 수 있다면 좋겠다.

예를 들어, 특정 주제가 있는 개인 방송을 진행하거나 컴퓨터로 여러 음악을 섞어서 새로운 음악을 만드는 디제잉 역시 얼마든지 오티움이라고 볼 수 있다. 그리고 '게임'이라는 테마를 넣을지 말지 한참 고민을 했다. 일반적으로 우리는 게임을 부정적으로 바라보지만 얼마든지 긍정적인 기능으로 게임을 즐기는 이들도 많다. 술을 좋아한다고 해서 다 알코올중독이라고 할 수 없는 것처럼 말이다. 얼마든지 균형을 유지하고 깊이 즐길 줄 안다면 와인, 막걸리, 맥주 애호가들 또한 오타쿠이 될 수 있다. 게임도 마찬가지다. 바둑이나 체스, 보드게임처럼 수많은 두뇌 게임이 있고 이 게임들을 단지 시간 죽이기가 아니라 능동적 여가 활동으로 즐기는 이들이 많다.

다만 고민하다가 결국 포함시키지 않은 테마도 있다. 대표적으로 '수집'을 들 수 있다. 물론 많은 애호가 중에서는 수집가들이 있다. 자신이 좋아하고 사랑하는 대상이 있다면 가까이에서 보고 싶고 매일 즐기고 싶어 하는 것은 당연하다. 그렇기에 애호가들은 자신이 좋아하는 대상을 수집한다. 미술작품, 만년필, 고서화, 오디오, 와인, 차 등 다양하다. 그 가격은 상상을 초월하는 경우도 많다. 그러나 나는 편의상 애호가와 소장가를 구분했다.

애호가들은 소유보다 향유가 중요하다. 이를 통해 재테크를 하려는 것도 아니고, 남들에게 자랑으로 보여주기 위함도 아니고, 아무도 만지지 못하도록 깨끗하게 보관하는 것이 목적이 아니다. 애호가들이 무언가를 모으는 것은 소유가 목적이 아니라 즐기기 위함이다. 그에 비해 수집가 중에는 애호가가 아니라 소장가들이 있다. 이들은 소유가 목적이다. 이는 오타쿠이 아니다. 그렇기에 독립적으로 수집의 테마를 만들지 않았다. 즐기기 위해서 수집을 하는 애호가들은 여러 테마에 각각의 활동으로 분산되어 있다. 향후 활발한 논의가 이루어지기를 바란다.

테마의 분류

오티움 테마는 다음 11개로 구성되어 있다. 이는 고정된 것이 아니라 얼마든지 바뀔 수 있고 더욱더 다양해질 수 있다. 테마의 순서는 큰 의미가 없다. 다만 한 가지 꼭 당부할 게 있다. 최대한 선입견을 갖지 않았으면 좋겠다. 예를 들어 당신이 운동신경이 없다고 생각한다면 운동 테마는 휙 지나치기 쉬울 것이다. 그러나 '일반화'는 자기 이해의 가장 큰 훼방꾼이다. '나는 운동을 못해' '나는 운동을 싫어해'라고 싸잡아서 생각하지 않기를 바란다. 세상에는 정말 많은 운동이 있고, 그중에는 당신이 좋아하거나 잘하는 운동이 있기 마련이다. 공부나 창작 등 모든 테마가 전부 그렇다.

자, 이제 각 테마를 하나씩 살펴보자.

제1 테마_운동

가장 보편적인 오티움이다. 우리는 움직일 때 생기를 찾고 움직임이 사라질 때 죽어간다. 그렇기에 어쩌면 가장 많은 오티움 활동은 운동일지도 모른다. 지금 이 순간에도 새롭게 만들어지는 운동들이 있기에 그 많은 운동을 여기에 다 써놓을 수는 없다. 다만 모든 운동이 오티움은 아니다. 오티움으로서의 운동은 '즐거운 운동'이다. 이런 말을 들으면 운동을 싫어하는 사람은 대뜸 그렇게 물어본다. "아니, 운동이 즐거워서 하는 사람이 있습니까?" 정말 많다. 운동을 꾸준히 하는 것은 즐겁기 때문이다. 그리고 오티움으로서의 운동은 즐거움뿐 아니라 배움과 깊이가 있다. 슬렁슬렁하지 않는다. 하면 할수록 점점 더 기술이나 실력이 향상된다.

제2 테마_음악

인간은 언제부터 음악 활동을 시작했을까? 어느 날 음악이 없어진다면 우리는 계속 인간으로 남아 있을 수 있을까? 우리는 본능적으로 음악을 좋아한다. 태어난 지 얼마 되지 않은 아이들도 음악에 대한 호불호가 있다. 음악이 바뀌면 얼굴의 표정도 달라진다. 예술에 대한 차별일 수도 있겠지만 음악은 다른 예술 활동과 구분해서 별도의 테마로 분류했다.

제3 테마_춤과 연기

춤은 인류의 공통 언어이며 인류의 역사와 궤를 같이한다. 춤은 몸으로 연주하는 음악이다. 우리의 내면에는 각자 고유의 리듬과 흐름이 있다. 춤은 그 리듬과 흐름의 표현이며 이는 우리에게 말로는 표현할 수 없는 기쁨과 자유로움을 안겨준다. 다만 오티움으로서의 춤은 막춤이 아니라 본능적인 이끌림을 넘어 기술적인 완성도와 더 높은 예술성을 위해 배우고 익히는 춤을 말한다.

연기는 전문 직업의 영역이라고 생각하기 쉽지만, 동호회 개념으로 소규모로 연극과 뮤지컬을 올리며 즐거움을 얻는 사람들도 늘어나고 있다.

제4 테마_창작

어떤 이들은 감상하고 즐기는 데서 머무르지 않는다. 무언가를 직접 만들어 표현하고자 한다. 이들은 일상 예술가들이다. 창작은 유형과 무형의 콘텐츠를 모두 포함한다. 시, 시나리오 혹은 소설과 같은 문예창작일 수도 있고 옷이나 가구 등 생활용품을 만드는 것일 수도 있다. 특히 공예의 경우 보석, 가죽, 천연비누, 방향제, 종이, 목공 등 현대에 들어와 그 분야는 점점 확대되고 있다. 비록 만드는 대상은 너무 상이하지만 중요한 건 '창조'의 행위라는 것이고, 그로 인해 누군가의 인정과 상관없이 '기쁨'을 느낀다는 게 핵심이다.

제5 테마_음식

음식도 창작의 일종으로 포함시킬 수 있지만 관련된 활동이 많아 독립된 테마로 분류했다. 그중에는 요리가 가장 대표적이지만 특정 음료의 애호가 역시 이 테마로 묶었다. 이 역시 음악 감상처럼 일종의 능동적 감상이라고 볼 수 있다. 이들은 단지 음식을 좋아하고 자주 즐기는 것을 넘어 그 음식에 대한 전문적인 지식을 가지고 있다. 좋은 재료를 구입하고, 직접 발효를 시켜, 그 맛과 향을 음미할 줄 알고, 더 나아가 자신만의 레시피를 가지고 자신만의 음식이나 음료를 만들어내는 사람들이다.

제6 테마_게임

오티움으로서의 게임은 승패의 여부와 상관없이 게임 그 자체가 기쁨을 주며 실력 향상이 뒤따라야 한다. 그리고 꼭 필요한 조건은 '긍정적 연쇄효과'다. 반드시 중독이나 도박과는 구별되어야 한다. 아무리 실력이 늘고 그 자체로 기쁨을 느낀다고 하더라도 이를 조절하지 못하고 대인관계나 사회적 기능에 문제가 생긴다면 이는 오티움이 아니라 중독이라고 할 수 있다. 여기에서는 논란의 여지가 있을 수 있기에 인터넷게임, 카드게임, 비디오게임은 포함시키지 않았다.

제7 테마_공부

학교에 다니는 학생들은 진짜 학생이 아니다. 그들이 공부를 하는 이유는 오티움이 아니라 입신양명을 위해서다. 진짜 학생은 오히려 성인들이다. 이들은 오로지 자신의 관심사에 기초해서 심리학, 역사, 철학, 미술사 등을 자발적으로 공부한다. 그렇다고 모든 독서나 공부가 오티움이라고 이야기할 수는 없다. 오티움으로서의 공부는 어떤 인정이나 이득 때문이 아니라 '지적 호기심'에 기초해 있다.

만약 어떤 사람이 돈을 벌기 위해 재테크 서적을 열심히 읽거나 자격증 취득을 위해 관련 분야를 열심히 공부한다면 이 공부는 오티움이 아니다. 오티움으로서의 공부는 초점과 깊이를 가진다. 독서를 하더라도 이 책, 저 책 상관없이 다독을 하거나 책의 내용을 그대로 받아들이지 않는다. 이들은 비판적인 자세로 정독을 하고 책의 내용을 깊이 있게 이해하고 정리함으로써 자기 것으로 만든다. 이들은 자신과 관심사가 비슷한 사람들과 모임을 만들어 심도 있는 토의를 통해 배움의 깊이를 더해간다. 따라서 시간이 지날수록 그 분야에서 자신만의 철학과 이론을 갖게 된다.

제8 테마_자연

이들은 자연 친화적이다. 자연과 연결될 때 행복을 느낄뿐더러 자연에 대한 깊은 호기심을 가진다. 이들은 자연을 좋아한다. 사냥과 낚시처럼 예외적인 경우도 있지만 일반적으로 생명을 길러내는 가운데 조용한 기쁨을 느낀다. 어른이 되어 갑자기 자연을 좋아하게 된 것이 아니라 대부분 어린 시절부터 자연이나 생명과 함께하면서 기쁨을 느꼈던 경우가 많다.

제9 테마_감상

반복적인 이야기이지만 오티움으로서의 감상은 시간이 날 때 즐기는 여가 활동이 아니라 시간을 내서 감상하고 공부하는 적극적인 여가 활동을 말한다. 남이 설명해주는 대로 좋아하는 게 아니라 끌리는 걸 하나씩 이해해가며 좋아하는 것을 말한다. 즉, 자신의 취향이 깊어지는 감상이어야 한다.

예술과 같은 전통적인 감상 분야가 대표적이지만 건축물 감상이나 스포츠 관람 또한 포함시켰다. 예를 들어 야구나 축구를 좋아해 TV 중계를 보거나 직접 관람을 하면서 기쁨을 느끼고, 스스로 공부하며, 그 자체를 깊이 향유하면 이 역시 당연히 오티움이라고 할 수 있다. 즉, '덕후'라고 불리는 활동은 기본적으로 오티움이 될 수 있다. 단, 중독이 아니라 긍정적인 연쇄효과가 있어야 한다.

제10 테마_영성

많은 사람이 일요일에는 교회나 성당, 사찰에 간다. 그렇다면 신앙 활동을 여가라고 부를 수는 없을까? 성경을 보면 창조주는 천지를 만들 때 엿새 동안 일을 하고 하루를 쉬었다. 인간은 창조주가 쉰 날을 '거룩한 날'이라고 불렀다. 그것이 휴일이 되었고 그날은 일을 멈추고 신을 경배했다. 어떻게 보면 신앙 활동은 가장 중요한 여가 활동인 셈이다.

그러나 그렇다고 해서 모든 신앙 활동을 다 오티움이라고 부를 수도 없다. 특히, 의무로서의 기도나 묵상의 시간은 오티움이라고 할 수 없다. 스스로 원해서 하고 그 안에서 기쁨을 느낄 때 오티움이라고 할 수 있다. 영성으로서의 오티움은 신앙 활동이라기보다 영적 수련에 가깝다. 특정 종교에 소속되거나 어떤 특별한 형식을 갖춰야 하는 것은 아니다. 실제로 하루를 시작하거나 잠들기 전에 묵상이나 명상, 기도의 시간을 갖는 사람이 꽤 많다. 이 조용한 침묵의 시간을 통해 이들은 마음의 안정과 고요한 기쁨을 만난다.

제11 테마_봉사

봉사 역시 오티움이다. 단, 어쩌다 한 번씩 하는 일회성 봉사가 아니라 꾸준히 이루어져야 한다. 그리고 오티움으로서의 봉사는 기부와 달리 자신의 재능이나 기술을 통해 이루어지는 순수한 봉사를 말한다. 이들은 자신의 일이나 오티움 활동을 봉사와 연결시키는 경우가 많다. 예를 들어, 연주자라면 요양원이나 병원에 방문해서 연주를 들려줄 수도 있고, 헤어디자이너라면 무료로 머리를 다듬어주고, 취미가 공예라면 자신이 만든 공예품을 불우시설에 선물하거나 직접 가서 공예 프로그램을 운영하며 가르쳐주는 경우도 있을 수 있다.

그러나 일과 달리 이들은 아무런 보상을 원하지 않는다. 그야말로 오른손이 하는 일을 왼손이 모르게 한다. 누가 알아주느냐가 중요하지 않고 자신이 누군가를 도울 수 있을 때 진정한 기쁨을 느낀다. 그 과정을 통해 자신의 오티움에 대해 더 보람과 가치를 느낄수 있다. 그리고 은퇴 후 숲해설사, 문화재 지킴이 등 자신이 살고 있는 지역의 자연과 문화를 지키고 알리기 위해 활동하는 분들 역시 능동적 여가 활동으로서의 봉사에 해당된다.

당신의 오티움을 찾기 위한 테마 활용법

———

연정 씨(39세)는 10년 이상 회사 생활을 한 전업주부다. 그녀는 회사에 다닐 때도 직업란을 작성할 때마다 불편한 마음이 들었다고 한다. '회사원'이라는 단어는 자신이 어떤 사람인지를 전혀 드러내지 못하는 느낌이었다. 그녀는 학창 시절부터 가슴 뛰는 일을 하고 싶었지만 회사 일은 이와는 너무 멀었다. 승진을 해도 행복하지 않았다. 자신이 어떤 사람인지에 대한 정체성은 점점 더 희미해져 갔다. 그녀는 5년 전 회사를 그만두고 자신이 무엇을 좋아하는지 찾기 시작했다. 인생 후반은 좀 더 자신에게 집중하고 싶었다. 그러나 어디서 어떻게 찾아야 할지 너무 막막했다.

그녀는 반대 방향으로 접근했다. 자신이 지금까지 해본 여가 활동들을 전부 나열해보았다. 그중에서 내키지 않는 것들을 하나씩 지워나갔다. 마지막으로 지워지지 않는 네 개가 남았다. '차, 꽃, 여행, 글쓰기'였다. 가장 지우기 싫은 것은 무엇이었을까? 바로 '차'였다. 즉, 반대로 보면 가장 좋아하는 여가 활동이 '차'임을 새삼 확인할 수 있었다. 돌아보면 지친 워킹 맘으로 생활하던 시절에 하루를 정리하면서 매일 가진 티타임은 그녀의 기쁨이자 휴식이었다.

그녀는 본격적으로 차를 공부하기 시작했다. 1년 전에는 티소믈리에와 티블렌더 자격증까지 취득했다. 이는 자신의 정체성과 행복에 큰 도움이 되었다. 그녀는 이제 '나는 차를 사랑하는 사람'이라고 생각한다. 그리고 '나는 차를 마실 때 행복하다'라고 자신의 행복을 구체적으로 이야기할 수 있게 되었다. 지금은 차를 통한 행복을 보다 많은 사람에게 전하고 싶어 다회 모임을 이끌어가고 있다. 구체적인 계획은 없지만 향후 창업지원을 받아서 차와 관련된 일을 해보고 싶은 꿈도 생겼다.

자, 이제 다양한 여가 활동들을 펼쳐놓고 자신이 해본 적 있거나 마음이 끌리는 대상을 찾아보자. 지금 바로 펜을 잡고 마음 가는 대로 동그라미를 쳐보자. 내가 그 활동을 잘할 수 있는지, 현실적으로 가능한지 등을 따질 필요는 없다. 마음 가는 대로 부담 없이 표시해보자.

	분류	오티움 활동의 예
제1 테마	운동	달리기, 트레킹, 사이클링, 수영, 볼링, 당구, 야구, 축구 등 각종 구기 운동, 격투기, 검도, 활쏘기, 스킨스쿠버, 암벽등반, 서핑, 스키, 스노보드, 골프, 요가, 필라테스, 태극권, 국선도 등
제2 테마	음악	작곡, 디제잉, 아카펠라, 노래 부르기, 합창, 악기 연주 등
제3 테마	춤과 연기	현대무용, 전통무용, 탱고, 발레, 방송댄스, 재즈댄스, 라틴댄스, 스트리트댄스 등 각종 춤과 무용, 뮤지컬, 연극 등

	분류	오티움 활동의 예
제4 테마	창작	사진, 글쓰기, 인터넷 개인방송, 만화 그리기, 캘리그래피, 서예, 홈 인테리어, 그림과 일러스트 그리기, 옷 만들기, 완구 만들기, 자수, 프라모델 만들기, 각종 공예 등
제5 테마	음식	요리, 베이킹, 커피와 차 애호가, 와인 등 주류 애호가
제6 테마	게임	보드게임, 바둑, 장기, 체스, 두뇌 퍼즐 등
제7 테마	공부	외국어 공부, 역사, 문학, 철학, 천문학, 심리학 등 각종 학문
제8 테마	자연	화초나 나무 가꾸기, 꽃꽂이, 프리저브드 플라워, 수석 가꾸기, 천문 관측, 캠핑, 주말농장, 낚시 등
제9 테마	감상	음악, 영화, 미술, 연극, 뮤지컬, 사진, 건축물, 스포츠 감상 등
제10 테마	영성	명상, 묵상, 기도 등
제11 테마	봉사	호스피스 자원봉사, 의료봉사, 동물보호 활동, 문화재 지킴이, 숲해설가, 환경보호 활동 등

몇 개의 활동에 동그라미를 쳤는가? 그중에서도 가장 끌리는 것이 무언인지 순위를 매겨보자. 가장 1순위에 꼽힌 활동부터 한번 시작해보면 어떨까?

만약 하고 싶은 대상이 예시에 없다면 언제든지 떠오를 때마다 기록해보자.

나를 잘 안다고 이야기하는 사람들은
자신의 변화 가능성에 주목하지 않는 이들이다.
이들이 알고 있는 것은 '과거의 나'이거나
어느 한 면만 바라본 '평면의 나'에 불과하다.
우리는 자기를 공부해야 한다.
자기를 파헤치고, 이해하고, 실험해서
자기를 입체적으로 바라보고 새롭게 재구성해야 한다.

4장

오티움이 가져다준 변화

"오티움을 만난 후
나는 다른 사람이 되었다"

1

나는 이렇게 달라졌다

사람은 변할까? 변하지 않을까? 변하지 않는다고 이야기하는 사람들이 많다. 그렇게 말하는 사람들은 사랑을 잃어버린 이들이다. 사람은 사랑을 하면 변화한다. 오늘 사랑을 하게 되면 당신은 어제의 당신이 아니다. "당신 덕분에 난 더 좋은 사람이 되고 싶어졌어요You make me want to be a better man." 영화 〈이보다 더 좋을 순 없다〉에서 잭 니콜슨이 헬렌 헌트에게 한 사랑 고백이다. 영화 속에서 잭 니콜슨은 사람들에게 신랄한 독설을 쏟아내고 길을 걸을 때면 보도블록의 선을 밟지 않으려고 애쓰고 식당에 가면 언제나 똑같은 테이블에 앉는 강박적 성격의 소유자다. 모두 그를 싫어한다. 그런 강박적이고 괴팍한 사람도 사랑을 하면 바뀐다. 그것도 좋은 방향으로 말이다. 그렇다면 한 사람이 영혼에 기쁨을 가져다주는 오티움을 만나면 어떻게 될까? 사람이 달라진다. 오티움 또한 사랑이기 때문이다. 어떤 대상을 좋아하고 사랑하게 되면 그 대상을 사랑하는 나 또한 바뀌게 된다. 많은 사람은 오티움을 접하면서 커다란 변화를 겪었다고 이야기했다. 스스로를 대하는 태도, 기본적인 감정선, 충동이나 감정에 대한 조절 능력, 에너지 레벨, 성격이 달라졌다는 이야기를 이구동성으로 했다. 아니, 어쩌면 성격이 바뀌었다기보다 본연의 자신을 찾아가는 것인지도 모른다. 이런 변화가 일어나기에 자신이 굳이 이야기하지 않아도 눈치 빠른 주위 사람들은 그 변화를 알아차린다. "너, 요즘 뭐 하는 거 있지?"라고 말이다. 그 내적 변화는 크게 세 가지로 압축된다. 첫째는 자신에게 집중하고, 둘째는 삶에 균형과 활력을 주고, 셋째는 자신에 대한 평가, 즉 자존감이 높아진다는 것이다.

나에게 집중한다

오티움을 접한 많은 사람은 에너지의 방향이 바뀐다는 이야기를 한다. 그전에는 외부로 향했던 에너지가 이제 내부로 향하는 것이다. 그에 따라 자신을 이해하는 안목 또한 높아지는 건 자연스러운 결과다. 앞에서 소개했던 3년째 마라톤을 하고 있는 현미 씨의 이야기를 들어보자.

"저는 다른 사람들에게 관심이 많았어요. 오지랖이 넓은 편이라 다른 사람들의 일에 잘 끼어들기도 하고 요청하지 않는 충고나 조언도 많이 했어요. 생각과 행동을 조금 바꿔보면 괜찮을 텐데 그렇게 하지 않는 것 같아서요. 돌아보면 그로 인해 원치 않는 인간관계의 갈등이나 좌절도 많았어요. 저는 좋은 마음으로 그렇게 한 건데…. 억울한 적도 있었어요. 그런데 마라톤을 접하고 난 이후 기본적으로 시선이 제 자신을 향하게 되었어요. 이제는 다른 사람들에게 별로 간섭하지 않아요."

다음은 이틀에 한 번꼴로 블로그에 긴 글을 쓰고 있는 예나 씨(29세)의 이야기다. 그녀는 7년 이상 꾸준히 영화 감상의 느낌을 글로 적어 블로그에 올린다. 그것은 영화 감상이면서 동시에 자신과의 대화다. 그 과정에서 자기 이해가 깊어졌음은 말할 나위도 없다. 그녀는 이를 토대로 2~3년에 한 번씩 자기 탐구서를 쓴다. 그 의미에 대해 이렇게 이야기를 한다.

"제가 어떻게 변화되고 있고 어떤 방향으로 가고 싶은지 등에 대해서 글을 씁니다. 글이 길어질 때가 많은데 그러다 보면 그 과정이 버거울 때도 있어요. 하지만 정말 필요한 과정이라고 생각해서 어떤 때는 밤을 새워서 쓸 때도 있습니다. 그렇게 완성하고 나서 글을 읽으면 혼자만의 뿌듯함은 이루 말할 수가 없어요. 특히, 저에 관한 글이니만큼 몇 번을 다시 읽어도 공감이 될 때 자신감이 생깁니다. 글을 자주 쓰면서 성격도 바뀌었어요. 무엇보다 생각이 깊어졌습니다. 함부로 말하지 않고 몇 번 더 생각하고 이야기하게 돼요."

콘텐츠 개발자인 진선 씨(33세)도 비슷한 경우다. 3년 전부터 웹툰을 그려서 소셜미디어에 올리는데 그 과정에서 자신의 성격이 바뀌어가고 있다고 느낀다. 만화를 통해서 좀 더 솔직하게 자신을 드러내는 것이다. 밖으로 자신을 드러내는 활동이지만 그 힘은 자신에게 집중함으로써 얻어진다. 그녀는 이렇게 이야기한다.

"이전에는 저라는 사람은 굉장히 수줍음이 많아서 사람들에게 저를 드러내는 것을 싫어한다고 생각했어요. 그런데 만화를 그리다 보니 그게 아니더라고요. 생각했던 것보다 저는 저를 드러내고 싶은 욕구가 강한 사람이었어요. 다만 노골적으로 드러내기보다 그림을 통해 우회적으로 저를 표현하곤 하죠. 선과 색, 형태와 스토리 등 만화를 이루는 모든 요소가 전부 저를 드러내는 통로라고 생각해요."

진선 씨의 경우 만화를 그리면서부터 주변의 풍경이나 일상의 관계를 보다 깊이 관찰하게 됐다고 한다. 이전에는 그냥 흘려보냈을 사람들의 사소한 한마디와 의미 없는 행동들도 찬찬히 살펴볼 만큼 '섬세한 성격'으로 바뀌었다고 이야기한다. 그리고 자신을 솔직하게 표현하는 데 있어 보다 자신감을 가지게 되었다고 한다.

이렇듯 많은 사람은 오티움을 접하고 난 뒤로 자신의 변화를 느낀다. 외부로 향했던 주의가 자신의 내부로 향하게 되고, 자신을 드러내기를 주저했던 사람들이 자신을 표현하게 되는 것이다. 그것은 없는 것이 생겼다기보다는 묻혀 있던 게 드러난 것에 가깝다.

오티움은 균형과 활력을 준다

조경 사업을 하는 재철 씨(58세)는 다혈질적이고 호불호가 강한 사람이었다. 공사가 끝나면 그 스트레스를 주로 술로 풀었다. 한 번 마시면 폭음으로 이어져 일주일 이상 회사에 안 나가는 일이 다반사였다. 그로 인해 많은 문제가 생겼지만 좀처럼 바꾸지 못했다. 그러다가 5년 전에 국선도를 배우기 시작했다. 큰 기대 없이 시작했는데 시간이 지날수록 빠져들었다. 도장에 가면 마음이 그렇게 편할 수가 없었다. 점점 충동과 감정을 조절할 수 있는 힘이 생겼다. 어느 순간부터 술을 절제할 수 있게 되었다. 지금은 한두 잔을 넘기는 법이 없다. 덩달아 의식의 확장 또한 경험하고 있다. 그는 자신의 변화를 이렇게 이야기한다.

"늘 들뜬 마음이 있었는데 국선도를 통해 마음이 차분해졌어요. 몸을 통해서 마음을 닦아나가고 있습니다. 예전에는 나 아니면 안 된다는 마음이 커서 독불장군처럼 행동했는데 이제는 내가 아닌 다른 사람도 존재한다는 것을 깨닫고 받아들이고 있어요. 앞으로도 이 수련을 평생 해나갈 생각입니다."

능동적 여가를 권하면 고개부터 절레절레 흔드는 사람들이 있다. 배부른 소리를 한다는 거다. 지금 할 일이 많아 여유도 없고 스트레스를 받아 힘들어 죽겠는데 또 무엇을 배우냐고 한다. 시간이나 돈도 문제지만 무엇보다 에너지가 없다고 이야기한다. 그냥 아무것도 하지 않고 쉬기를 바란다. 그렇게 쉬면 에너지가 다시 충전되거나 스트레스에서 벗어날 힘을 갖게 될까?

물론 생존을 위한 에너지는 충전될 수 있다. 하지만 활기와 평정심을 되찾을 순 없다. 삶의 활기를 위해서는 능동적인 여가 활동이 필요하다. 바쁘고 힘든 사람들일수록 제대로 쉬어야 한다. 현대인의 소진은 '과로'가 원인이 아니라 '능동적 휴식의 부재'가 원인이다. 그냥 아무것도 하지 않는 그러한 소극적 휴식 말고 재미와 활기를 느끼는 능동적 휴식이 없기 때문이다. 같은 말이 아니냐고! 아니다. 소진의 원인을 과로에서 찾으면 일의 시간을 줄이는 데 급급하지만, 능동적 휴식의 부재에서 원인을 찾으면 보다 좋아하는 활동을 늘리는 쪽으로 나아간다.

앨런 러스브리저Alan Rusbridger는 영국의 일간지 〈가디언〉의 전 편집국장이다. 그는 57세를 앞두고 더 늦기 전에 어려운 곡으로 꼽히는 쇼팽의 〈발라드 1번 G단조〉를 연주하고 싶었다. 이를 위해 매일 출근 전에 20분간 피아노를 연주하기로 마음먹었다. 그러나 하필 그가 피아노를 다시 시작한 2010년도는 격동적인 해였다. 수많은 특종 보도가 줄을 이었다. 그러나 그는 매일 20분간 피아노를 쳤다. 그리고 16개월 후 드디어 쇼팽의 곡을 연주할 수 있게 되었다. 이 정도 이야기를 들으면 벌써 선을 긋는 이들이 있다. '그래, 세상에는 지독한 사람들이 있지. 나는 그런 사람이 아니야'라며 자신과 거리를 둘지 모르겠다. 그러나 그 시간이 하기 싫은 것을 억지로 하는 시간이 아니라 정말 자신에게 안정과 기쁨을 주는 시간이라면 어떨까? 만약 당신이 보고 싶은 스포츠 경기나 드라마처럼 그 시간이 기다려진다면 당신도 어렵지 않게 할 수 있지 않을까? 그에게는 20분 동안의 피아노를 연주하는 시간이 일의 긴장과 스트레스를 해소하고 안정과 기쁨을 주는 리뉴얼의 시간이었다. 그는 20분간 피아노를 치고 나면 마치 뇌가 '안정'되는 느낌을 받았다고 했다. 그 16개월간의 경험을 《다시, 피아노》라는 책에 담았는데, 매일 피아노를 치던 20분의 시간을 자신을 위한 '이스케이프 밸브escape valve, 탈출 밸브'라고 소개했다.

"더욱 중요한 것은 시간을 냄으로써 삶의 질이 더 나아질 수 있다는 점이다. 업무 압박과 스트레스가 가장 심하던 바로 그때, 자그마한 이스케이프 밸브가 있다는 것이 얼마나 고마웠는지 모른다. 업무와는 전혀 상관없는 무엇인가에 100퍼센트 전념함으로써 삶이 균형을 되찾는 것을 실감할 수 있었다."

실제 오티움은 많은 사람에게 '이스케이프 밸브'가 되어준다. 아니, 탈출구를 넘어 활력소가 된다. 오티움을 접하고 난 후 생기가 도는 것이다. 이 원고를 먼저 읽은 독자기획단 중에 한 분이 이런 이야기를 들려주었다.

"이 원고를 읽으면서, 환갑이 넘은 나이에 뒤늦게 중학교를 다니시는 고모 생각이 났습니다. 고모는 공부가 정말 재미있다며 하루 종일 자랑하셨는데요. 신기한 건 고모의 머리카락은 온통 백발이었는데, 학교를 다니시면서 모발이 백발에서 점점 흑발로 바뀌었다는 사실입니다. 작가님이 말씀하시는 '오티움'의 힘을 느낄 수 있었습니다."

정말 그렇다. 인터뷰를 통해 만났던 이들은 오티움을 통한 기쁨이 삶의 동심원을 그리듯 다른 영역으로 퍼져나간다고 이야기한다. 이전보다 삶의 질서와 균형이 잡히고 무엇보다 생기가 느껴진다는 것이다. 그리고 그 생기는 좀처럼 감추어지지 않고 드러난다. 오티움을 만난 이들은 자신의 기쁨과 활기를 숨길 수 없다.

내가 괜찮은 사람이구나!

사람들은 자존감을 자꾸 머리로 해결하려고 한다. 자신을 좋게 생각하려고 애를 쓴다. 그러나 이는 쉽지 않다. 자존감 쌓기는 모래 위의 성과 같아서 조금만 안 좋은 일이 생기게 되면 무너지고 만다. 자존감을 채워줄 좋은 사람을 만나는 건 어떨까? 그러나 성인이 되면 좋은 부모처럼 자신을 사랑하고 인정해주는 사람을 만나는 것도 쉽지 않다. 그렇다면 어른의 자존감에서 중요한 것은 무엇일까? '좋은 경험'이 필요하다. 좋은 경험을 계속하면 굳이 애쓰지 않아도 자연스럽게 자기 인식이 바뀐다. 특히, 누군가에 의해서가 아니라 스스로 좋은 경험을 만들어내면 더욱더 긍정적인 자기 인식이 생겨난다. 그런 의미에서 오티움만큼 좋은 자존감 훈련도 없다. 인터뷰를 통해 만났던 모든 사람이 그런 이야기를 했다. 하나같이 오티움을 통해 '자신에 대해 더 좋은 느낌'을 갖게 되었다고 말이다. 자신을 보다 이해하게 되고, 자신의 잠재력을 향상시키게 되고, 자신의 감각과 감성이 풍부해졌다고 이야기한다.

특히 끈기와 관련된 이야기를 많이 했다. 인터뷰를 통해 만난 사람 중에는 원래 끈기와는 거리가 멀었던 사람들이 상당수였다. 다른 여가 활동을 했지만 오래 가지 못했던 경우가 많았다. 이들은 그런 경험 때문에 자기 자신을 '끈기 없는 사람'이라고 규정한 채 살아왔다. 그래서 무언가 새롭게 시작하는 것에 대해 매우 부정적이었다고 이야기한다. '아, 저거 한번 배워보고 싶다'라고 마음이 끌리더라도 이내 '또 금방 그만둘 텐데…'라는 회의적인 생각이 발목을 잡았다. 결국 하지 않거나 하더라도 그러한 부정적인 자기 예언을 또다시 입증이라도 하듯 금방 그만두는 경우가 많았다. 그러나 자신과 궁합이 잘 맞는 오티움을 만나면서 달라졌다. '얼마나 하겠어?'라고 생각했는데 시간이 지나도 계속하는 자신의 모습을 보면서 자기평가가 달라진 것이다. 오티움을 만나 즐겁게 여가 활동을 하는 이들은 입을 모아 이렇게 이야기한다.

"내가 그래도 '**어떤 면**'에서는 끈기가 있는 사람이구나!'라는 생각을 하게 되었어요. 아무런 보상 없이 수년 동안 꾸준히 무언가를 해왔다는 것이 신기하기도 하고 대견하기도 해요."

오티움을 통해 자신을 있는 그대로 받아들이게 되었다는 이야기 또한 많았다. 운동이라고 하면 처음에는 남들에게 예쁘게 보이거나 살을 빼기 위해서 했지만 시간이 지날수록 운동 자체에 기쁨을 느끼고 건강을 위해서 하게 되는 경우가 많았다. 인터뷰 중에 이들은 자기를 인정하면서 획일적인 접근이 아니라 '자기 속도' '자기 신뢰' '자기 스타일' '자기 방식' '자기 테' 등 '자기'라는 표현을 유독 강조했다. 마흔두 살에 발레를 배우기 시작한 주경 씨는 이렇게 이야기했다.

"한동안 몸에 달라붙는 레오타드를 입으면 거울을 볼 수가 없었어요. 분명 내 몸인데 내 몸을 직시할 수가 없어 딴 데를 봤어요. 그러나 내 몸을 직시하는 경험을 하게 되자 그때부터 진지해졌어요. 내 몸이 예쁘진 않지만 받아들이게 되는 거예요. 그때부터 변화가 찾아오더라고요. 머리로 생각하고 있는 몸에 대한 한계에서 벗어나 내 몸을 믿게 돼요. 나는 절대 안 될 거라고 생각했던 동작들도 하나하나 하게 됐어요. 자기를 받아들이고 믿는 순간 변화가 일어납니다."

무용이나 운동처럼 꼭 몸을 움직여야만 하는 것은 아니다. 정적인 활동이나 봉사활동 또한 자존감을 저절로 높여준다. 앞에서 소개한 초등학교 교사 은지 씨는 화초를 가꾸는 것 자체가 자존감을 높인다고 말한다. 그녀의 오티움 활동은 때와 장소를 가리지 않는다. 출퇴근길에 보이는 빈 땅이나 빈 화분 또한 그냥 지나치지 못한다. 틈틈이 시간 나는 대로 집에서 키우는 꽃을 옮겨다 심는다. 그녀 덕분에 공터는 꽃밭이 되고, 삭막한 골목길은 꽃길이 된다. 그리고 누군가 죽었다고 생각해서 내다 버린 화분 또한 집으로 가져와 정성을 다해서 살려낸다. 다 죽은 것 같은 식물이 살아나면 그렇게 기쁠 수가 없다고 한다.

그녀는 그런 마음으로 학생들을 본다. 겉으로 보면 아무 의욕이 없는 것처럼 보이는 아이들도 그녀의 눈에는 다 저마다의 꽃을 피울 수 있는 아이들로 보이는 것이다. 그렇기에 꽃을 가꾸듯 아이들을 대한다. 그녀는 주저하다가 이런 표현을 썼다. "종종 저는 속으로 '나는 지구의 정원사야'라고 생각합니다." 그러고는 수줍게 웃었다. 어찌 건강한 자존감이 깃들지 않을 수 있겠는가! 우리에게 필요한 것은 자신을 좋게 생각하려고 애쓰는 억지스러움이 아니라 자신에게 좋은 경험을 선사해주는 것이다.

2

이제 나는 나를 위로한다

무엇이 당신을 위로해주는가? 삶은 내 뜻대로 되지 않고, 관계는 내 마음 같지 않다. 성취와 행복은 원해도 잘 찾아오지 않지만 좌절과 불행은 원치 않아도 잘 찾아온다. 이를 피해갈 수 있는 사람은 없다. 삶의 수많은 좌절과 불행 앞에서 우리는 다시 일어날 위로와 격려가 필요하다. 물론 늘 누군가가 내 옆에서 나의 이야기를 귀담아주고 자신의 일처럼 생각해주는 이가 있다면 좋을 것이다. 그러나 늘 그럴 수 있는 사람은 없다. 심지어 상대가 위로라고 해주는 말이 나에게는 상처가 되는 경우도 다반사다. 그것은 상대의 애정 문제가 아니다. 상대가 정말 나의 좌절과 불행을 안타깝게 여기고 위로를 해주고 싶었어도 얼마든지 관계는 엇나갈 수 있다. 왜? 상대와 나의 마음은 다르기 때문이다. 그럼, 다른 사람에게 줄

곧 위로를 받을 수 없다면 우리는 어떻게 해야 하는가?

즐거움으로써 근심을 잊는다

잠시 《논어》의 이야기로 들어가 보자. 하루는 섭공이라는 사람이 공자의 제자 자로에게 공자가 어떤 사람이냐고 물었는데 자로는 대답을 못 하고 돌아왔다. 이 말을 들은 공자는 이렇게 이야기를 했다.

> "女奚不曰, 其爲人也, 發憤忘食, 樂以忘憂, 不知老之將至云爾."
> "너는 왜 공자는 배움의 즐거움이 커서 분발하면 밥 먹는 것도 잊
> 어버리고, 근심도 잊고, 늙음이 오는 것도 모르고 사는 그런 사람
> 이라고 말하지 않았느냐!"
>
> 《논어》, 〈술이편 18〉

공자 스스로 자신이 어떤 사람인지를 제자에게 나무라듯 설명한 이야기다. 이 글 중에서 '낙이망우樂以忘憂'라는 말이 나온다. '즐거움으로써 근심을 잊는다'는 뜻이다. 공자가 말한 즐거움이란 바로 '배움의 즐거움'이다. 공자의 아버지와 어머니의 나이 차이는 무려 쉰네 살에 달했다. 지금도 드문 일이지만 공자가 태어날 당시 그의 아버지는 일흔 살이었다. 공자가 세 살이 되었을 때 아

버지는 세상을 떠나고 만다. 그는 어려서부터 갖은 고생을 다하며 자랐다. 누군가 공자를 가리켜 다능多能하다고 하자 "나는 어렸을 때 천하게 인생을 살았다. 그래서 비천한 일에 대한 많은 능력이 생겼다"고 술회할 정도로 힘들게 자랐다.

고생 끝에 낙이 왔을까? 공자에게 고진감래의 시간은 찾아오지 않았다. 그는 자신의 사상을 펼치기 위해 천하를 주유했지만 그 어느 나라에서도 환대받지 못했다. 갖은 곤경에 처하다가 겨우 목숨을 부지하고 예순여덟 살에 고향으로 돌아왔다. 그 거듭되는 고난과 좌절에도 공자는 굴하지 않고 인간이 가야 할 길을 이야기했다. 어떻게 그럴 수 있었을까? 위 문장 그대로다. 공자에게 가장 큰 기쁨과 위로는 '배움'이었다. 그 기쁨이 있었기에 그는 버틸 수 있었고 자신을 위로할 수 있었다. 세상이 자신을 알아주지 않는 것도 버텨낼 수 있었고, 세상의 유혹 앞에서 자신의 신조를 지켜낼 수도 있었다. 우리를 위로해주고 다시 일어설 수 있게 만들어주는 가장 큰 힘은 **'자력**自力**의 기쁨'**이다.

당신을 위로해주는 그 무엇을 가졌는가?

우리는 자기 스스로 기쁨을 만들어낼 수 있어야 한다. 배우자가 돈을 잘 벌고, 자식들이 공부를 잘해도 그것은 스스로 만들어낸 기쁨에 비할 바가 못 된다. 아무리 자기 철학과 지조가 강하더라도 그것이 기쁨으로 이어지지 못하면 얼마나 삶은 고루할 것인가! 건강한 어른은 자신을 위로할 수 있다. 억지 위로가 아니라 스스로 기쁨을 만들어낼 수 있기 때문이다.

"결국 춤이더라고요. 저를 위로해주고 저를 다시 행복하게 만들어주는 게 바로 춤이었죠. 춤은 사방이 꽉 막히고 바닥으로 떨어졌을 때 홀연히 떠올라 저를 흔들어주고 다시 일으켜 세워주었어요. 아무리 힘든 일이 있어도 땀 흘려 춤을 추고 나면 마음이 홀가분해져요."

방송댄스를 5년째 하고 있는 미정(52세)씨의 이야기다. 그녀는 홍보회사를 운영하면서 혼자 두 딸을 키운다. 그녀는 어려서부터 춤을 즐겼다. 대학에 들어가서는 응원단 활동도 열심히 했다. 무대에 오르는 것을 꺼리는 사람도 있지만 그녀는 무대에 올라가서 남의 주목을 받는 게 즐거웠다. 그러나 결혼을 하고 또 사업을 시작한 후로는 까맣게 잊고 있었다. 그러다 남편과의 불화로 이혼을 한 뒤 한동안 힘든 시간을 보냈다. 이혼을 한 것뿐인데도 뭔가 인생이 실패한 것 같은 느낌을 지울 수 없었다. 친한 친구들조차 피하고 술에 많이 의지했다. 그 사이에 회사 일도 집도 엉망으로 변했다. 되는 일이 하나도 없었다. 급기야 딸들도 흔들리기 시작했다. 딸들이 방황하는 모습을 보니 더 이상 그렇게 생활할 수 없었다. 다시 일어서야 했다. 뭔가 계기가 필요하다고 느꼈을 때 무심코 춤이 떠올랐다. 그녀는 방송댄스를 배우기 시작했다. 딸 또래와 춤을 췄지만 나이는 전혀 중요하지 않았다. 다시 춤출 수 있는 것만으로도 활력이 느껴졌다. 서서히 삶의 질서가 회복되고 사업도 다시 궤도에 올랐다. 그녀는 이 모든 게 춤의 힘이라고 생각한다. 그녀가 하루를 춤으로 시작하는 이유다.

차 애호가인 선영 씨(41세)는 보이차가 자신을 구원해주었다고 믿는다. 첫 만남부터 그랬다. 10여 년 전에 잘못된 사업 계약으로 인생 최대의 고비에 부딪혀 두피에 피고름이 생기고 불안발작이 찾아올 만큼 힘들었다. 그때 친한 언니가 끓여준 보이차를 마시자 놀랍게도 가슴의 지진이 멈추고 편안해졌다. 그날 이후 10년 동안 보이차는 자신의 가장 좋은 친구이자 주치의가 되었다. 그녀는 자신의 변화를 이렇게 이야기한다.

"차는 저의 인생 자체를 바꾼 엄청난 만남입니다. 저는 원래 화끈하고 말을 빨리하는 사람이었어요. 그런데 보이차를 접하면서 사람 자체가 변했어요. 예전에 만난 사람들이 못 알아보는 경우도 있어요. 차는 일종의 명상입니다. 차를 준비하고 우리고 마시는 과정에서 지금 내가 어디에 있는지 나의 몸 상태는 어떤지가 잘 느껴져요. 예전에는 허공에서 살았다면 차를 만나고 나서부터는 제 영혼이 땅으로 안착한 느낌입니다. 차를 마시기 전의 저와 마시고 난 후의 저는 같은 사람이 아니에요. 한마디로 내적 각성의 음료입니다. 그러니 여가라는 표현만으로는 턱없이 부족하죠."

건강한 성인은 고통 속에 있는 자신을 위로할 수 있다. 어릴 때는 울고만 있어도 무슨 일인지 물어봐주는 사람이 있었고 위로받을 수도 있었다. 그러나 성인이 되면 힘들 때마다 누군가에게 위로를 받을 수 없다. 스스로 위로할 수 있어야 한다. 그것은 어떻게 가능한가? 단지 좋은 생각, 좋은 말을 해주는 것이 아니다. 그런 것은 부차적이다. 자기 위로의 핵심은 '스스로 만들어내는 기쁨'이다. 그 기쁨은 내면 깊숙이 침투하는 고통을 막아낸다. 기쁨은 내면의 보호막이 되어준다. 그 활동이 바로 오티움이다. 그렇게 보면 오티움은 일종의 **자기 치유제**다. 오늘 하루 직장에서 사정없이 깨지고, 누군가로 인해 마음의 상처를 받았다고 하더라도 오티움이 있는 사람들은 오티움 활동을 통해 스스로 위로해나갈 수 있다. 즐거움으로 근심을 잊게 하는 것! 당신에게는 그 활동이 있는가?

3
홀로 있어도 나는 행복하다

돌아보면 젊은 날엔 참 외로웠다. 외로워서 누군가를 찾게 되지만 누군가와 함께 있어도 외로움은 쉽게 가시지 않았다. 함께 있으면 얼마 지나지 않아 혼자 있고 싶어졌고, 혼자 있으면 또다시 누군가가 그리워졌다.

그러나 생각해보면 혼자라서 외로웠던 것이 아니라 혼자 있지 못해서 외로웠던 시간들이었다. 친밀한 관계를 맺는 것도 서툴렀지만 혼자 있는 시간 동안 뭘 해야 할지도 몰랐다. 그 외로움과 공허감이 싫었기에 아무나 만나 의미 없이 시간을 보내거나 술로 마음을 달래는 게 전부였다. 지금은 다 지난 시간이지만 한편으로는 이런 후회도 든다. '혼자 있는 시간 동안 좀 더 나에게 집중할 수는 없었을까?'

혼자 있는 능력

정신분석이나 심리치료에서는 상호적 관계형성의 능력을 정서적 성숙의 중요한 기준으로 삼는다. 특히 애착이론의 등장 이후 관계 맺는 능력은 더욱더 중요해지고 있다. 그렇다보니 상대적으로 '혼자 있는 능력'은 별로 강조되지 못했다. 그러나 일찍이 이 부분을 강조한 사람이 있다. 정신분석학자 도날드 위니콧Donald Winnicott 이다. 그는 1958년에 《혼자 있는 능력The Capacity to be Alone》이라는 논문을 통해서 홀로 있음이 인간 발달에 왜 중요한지를 이야기했다. 애착이 중요하지만 애착의 목적은 결국 건강한 독립이라고 보았기 때문이다. 사실 애착은 안정적으로 관계를 맺을 수 있는 능력을 길러주지만 그것은 어떻게 보면 '혼자 있는 능력'이 있기에 가능한 일이다.

실제 안정적 애착관계를 맺은 아이들을 보자. 아이들은 애착대상에 대한 신뢰가 있다. 그렇기에 애착대상이 눈에 보이지 않더라도 무슨 일이 있으면 언제든지 자신에게 달려와줄 것이라는 믿음을 가지고 있다. 그 신뢰가 있기에 마음 편히 혼자 놀 수 있게 된다. 이는 매우 중요한 이야기다. 안정적으로 혼자 있을 수 있어야 아이는 부모의 욕구가 아니라 자기 내면과 접촉할 수 있기 때문이다. 즉, 안정적 애착이 형성된 아이는 혼자 있는 동안 자기 내면에 기초한 '진짜 자아'를 발달시킬 수 있다.

만약 아이가 세 살이 넘었는데도 혼자 있는 능력이 발달하지 못하면 어떻게 될까? 누군가를 자신의 옆에 두기 위해서 자기가 아닌 상대에게 집중한다. 심한 경우 상대의 관심을 끌려고 '거짓 자아'를 형성한다. 여기서 말하는 혼자 있는 능력이란 혼자 있는 시간을 잘 견디는 능력이 아니라 혼자 있는 시간을 즐길 수 있는 능력을 말한다. 즉, 안정적 애착관계를 형성한 아이들은 애착대상이 부재한 상황에서 그들이 다시 오기를 참고 기다리는 것이 아니라 자기 놀이에 빠질 줄 알고 스스로 놀이를 발달시킬 줄 안다. 물론, 어리기 때문에 잠깐 동안의 시간이지만 말이다.

그에 비해 불안정하게 애착관계를 맺은 아이들은 계속 문을 확인하거나 할 일 없이 서성거리거나 멍하니 있는 등 그 시간을 즐길 수가 없다. 애착이 중요한 이유는 성인이 되어서도 그 양상이 반복되기 때문이다. 즉, 불안정 애착을 가진 성인들은 유독 혼자 있는 능력이 떨어진다. 혼자 있는 시간 동안 무엇을 해야 할지 모른다. 혼자서 재밌게 논다거나 행복한 시간을 보낸다는 것을 상상할 수조차 없다. 그렇기에 이들은 늘 관계에서 행복을 느끼려고 한다. 좋은 배우자가 되기 위해, 좋은 친구가 되기 위해, 좋은 부모가 되기 위해 늘 애를 쓴다. 그러나 아이러니하게도 이들이 관계에서 행복을 느끼려고 노력하면 할수록 관계는 꼬이게 되고 고통으로 점철된다.

관계는 노력에 비례하지 않는다. 오히려 포물선 그래프의 모양이다. 어느 정도 선까지는 노력을 하면 관계는 좋아지지만 어느 이상으로 애를 쓰면 오히려 관계는 힘들어진다. 기댓값 때문이다. 내가 이렇게 신경 쓰고 노력했기에 그에 맞는 기대를 하는 것이다. 그 기대는 노력에 비례하여 올라간다. '내가 이렇게 했으니 너도 이 정도는 해야지'라며 그 기준치가 올라갈 수밖에 없다. 그렇기에 나의 행복과 불행의 책임이 온통 상대에게 있는 것처럼 생각하고, 상대방이 내 마음 같지 않다고 느낄 때 크게 실망하고 좌절한다. 일과 여가의 균형처럼 행복도 균형이 필요하다. 관계 안에서 행복하려면 관계 밖에서 행복해야 한다. 자신과 좋은 관계를 유지하는 사람이 다른 사람과도 좋은 관계를 맺을 수 있는 것처럼, 관계에서 행복하려면 혼자서도 행복할 수 있어야 한다.

좋은 관계란 '나, 너, 우리'의 세 세계가 건강하게 기능하고 유기적으로 연결된 상태를 말한다. 이는 건강한 자기 세계가 있을 때 가능하다. 그것은 혼자 있는 것을 잘 '견디는 것'이 아니라 '즐기는 것'을 의미한다. 실제 행복한 사람들은 혼자 있을 때 행복할 줄 안다. 그것은 기분 좋은 공상을 많이 해서가 아니라 자신에게 기쁨을 주고 자기 세계를 발달시키는 '능동적 여가 활동'을 하기 때문이다. 그것이 바로 오티움이다. 오티움이야말로 혼자 있는 것을 즐길 수 있고, 자기 세계를 만들어가는 창조적 시간이다. 이들은 스스로 행복을 누릴 줄 알기에 굳이 모든 행복을 관계에서 채우려고 하지 않는다. 나를 행복하게 할 책임이 상대에게 있다고 생각하지 않으

며, 자신 역시 누군가의 행복을 전적으로 책임지려고도 하지 않는
다. 관계 밖에서 행복한 사람이 관계 안에서 행복할 수 있다.

왜 중국집 사장은 밤에 색소폰을 불까?

집 앞 상가 1층에 퓨전 중국집이 있다. 오전 11시에 문을 열고 저
녁 9시에 닫는다. 한 3년 전이었을까? 밤 10시가 다 되어 중국집
앞을 지나는데 안에서 색소폰 소리가 들렸다. 궁금증 이전에 귀부
터 거슬렸다. 음악이 아니라 완전한 소음이었다. 이후로도 밤 9시
에서 10시 사이에 그 가게를 지날 때면 색소폰 소리가 들렸다. 아
마 한 시간 동안 색소폰 연습을 하고 집에 가는 모양이었다. 색소
폰 소리는 좀처럼 사라지지 않았다. 점점 궁금해졌다.

'왜 늦게까지 일하고 피곤할 텐데 퇴근을 하지 않고 색소폰을
연습할까?'

그런데 6개월이 넘어서면서부터 소리가 달라지기 시작했다. 귀
에 감겼다. 일부러 그 시간에 맞춰 집에 간 적도 있었다. 어느 날 식
사를 하고 난 뒤에 넌지시 물어보았다.

"왜 밤에 집에 안 가시고 색소폰을 부세요?"

주인은 계면쩍은 웃음을 지으며 대답했다.

"들리던가요? 뭐 별게 있겠습니까. 좋아서 불지요."

사실 하나마나한 질문이었다. 좋아서 하는 게 아니라면 어떻게 그 밤에 날마다 불겠는가. 나는 빤한 질문을 재차 또 던졌다.

"일 끝나면 피곤하지 않으세요?"

주인은 다시 대답했다.

"일이야 힘들죠. 그래도 색소폰을 불고 있으면 좋아요. 저에게 작은 낙이죠. 집에 가도 반겨주는 사람도 없고요."

알고 보니 그는 혼자 살고 있었다. 그에게 악기를 연주하는 것은 힘든 하루를 위로하고 외로움을 다독여주는 작은 즐거움이었다. 악기를 연주하기 전에는 일이 끝나고 나면 소주 1~2병을 마시고 잠들었다고 했다. 그런데 한 3년 전부터 아침에 일어나는 게 너무 힘들어졌고 알코올성 간염이라는 진단을 받았다. 퍼뜩 정신이 들어 그 길로 술을 끊었다. 그런데 문제는 술을 끊고 나자 아무 낙이 없어지더라는 것이다. 그나마 술이 즐거움이었는데 술이 없으니 삶의 아무런 재미가 없었다. 다시 술을 마실 수는 없고 다른 즐거움을 찾아야 했다. 그때 동네 음악학원의 색소폰 광고 전단이 눈에 들어왔다. 처음에는 별로 재미가 없었다. 그러나 조금씩 연주 실력이 늘어나자 재미가 붙었다. 누가 시키는 사람도 없는데 밤마다 연습을 했다. 곡 하나를 자신의 마음에 들도록 연주하고 나면 그렇게 뿌듯할 수 없다고 했다. 그런 날에는 10시 넘어 문을 닫고 집에 갈 때 발걸음이 너무 가볍다고 했다. 그는 색소폰을 통해 작은 행복을 누릴 수 있게 되었다고 말한다. 그것은 누군가에 의해서가 아니라 스스로 일궈내는 행복이다. 그는 나중에 할 수만 있다면 요양원 같은 곳에서 색소폰을 불며 봉사를 다니고 싶다고 했다.

우리는 전례 없는 고령화 시대를 살아가고 있다. 이 시대는 원하든 원하지 않든 대부분의 사람은 인생의 특정 시간 동안 혼자 살아갈 수밖에 없다. 싫다고 해서 그 시간을 비켜갈 수 없다. 앞으로 우리가 느끼는 외로움은 커져갈 수밖에 없다. 그러나 그 외로움의 크기는 사람마다 다 다르다. 혼자 있는 시간을 즐길 수 있는 능력에 따라 다를 수밖에 없다. 우리는 혼자 살아갈 수 있는 능력을 길러야 한다. 그 핵심은 혼자 있는 시간을 즐기는 것이다. 물론 혼자 있는 그 시간 전부가 행복할 순 없다. 하지만 혼자 있는 시간 동안 자신에게 집중하고 기쁨을 선사할 수 있는 힘이 있다면 우리는 잠시나마 혼자서도 행복할 수 있다. 바로 오티움의 힘이다.

4

나를 중심으로 관계를 맺다

영업직무의 일을 하는 경호 씨가 상담실을 찾았다. 인간관계에
대한 실망과 환멸 때문이었다.

그동안 경호 씨는 인간관계에 무척 많은 공을 기울였다. 그는 늘
숫자에 신경을 썼다. 주소록에 등록된 인원, 페이스북 친구들의 숫
자, 하루에 받는 카톡과 문자의 개수, SNS에 올린 글에 대한 '좋아
요'나 댓글의 개수, 주고받은 명함의 숫자 등을 늘 헤아렸다. 그 숫
자가 많을수록 기분이 좋아지고 적을수록 우울함이나 위축감을
느꼈다. 그렇다 보니 늘 숫자 관리를 한다. 주기적으로 전화나 문
자를 보내고 친구들의 애경사나 동창 모임 등을 앞장서서 챙긴다.
그뿐 아니다. 관심이 커서라기보다 인간관계를 위해 교회와 독서
동호회도 나가고 있다. 다들 꺼리는 모임의 총무나 간사 역할을 자

처하는 경우도 있다. 그에겐 아는 사람이 늘어나고 사람들의 관심을 받는 건 마치 통장에 돈이 늘어나는 것 같은 즐거움을 주기 때문이다.

왜 관계를 일처럼 하는가?

영업을 하고 있지만 경호 씨는 어려서부터 낯가림이 많고 내성적인 성격이었다. 아버지는 그런 경호 씨에게 말끝마다 "사내 녀석이…"라며 핀잔을 주었다. 그런 자신의 성격이 너무 싫었고, 친구가 많은 이들을 늘 부러워하며 자랐다. 그리고 대학교에 가면서부터는 자신의 성격을 바꾸려고 애를 썼다. 먼저 다가가고 앞에 나서며 성격을 바꾸려고 무던히 많은 노력을 했다. 그래서 나름 성격을 개조했다고 생각할 만큼 외향적으로 살아왔다. 하지만 얼마 전 회사에서 징계를 받고난 후 모든 게 무너진 느낌이 들었다. 그는 분명 팀의 실적을 위해 상사가 시키는 대로 일을 처리했다. 그러나 회사는 영업 규정에 어긋났다는 이유로 징계를 가했다. 문제는 상사와 동료들의 태도였다. 상사는 보호해주기는커녕 발을 빼기에 바빴고, 다른 동료들도 모른 척했다. 기가 막혔다. 더 실망감이 든 것은 친구들이었다. 자신은 친구들이 고민이 있다고 하면 만사 제쳐 두고 달려갔는데, 친구들은 그렇지 않았다. 피한 것은 아니지만 자신의 고민을 제대로 들으려고 하지 않았다. 왜 그렇게 일을 했느냐는 핀잔과 술 마시고 잊어버리라는 말뿐이었다. 자신의 이야기를 들으려고 하는 사람은 없었다.

이는 과연 경호 씨만의 문제일까? 취업포털 인크루트와 두잇서베이가 지난 2017년 4월 공동 기획한 설문조사가 있다. 조사에 따르면 성인 남녀 2526명 가운데 85퍼센트는 "인간관계에서 피로감을 느껴본 적 있다"고 답을 했다. 그리고 이들 중에는 상당수가 업무 때문이 아니라 인간관계 때문에 번아웃증후군을 겪고 있다고 대답했다.

왜 인간관계는 우리를 소진시키는 것일까? 그 바탕에는 외향성 선호사상이 자리잡고 있다. 우리 사회는 어려서부터 외향성을 바람직한 것으로 보고 내향성을 열등한 것으로 바라본다. 부모는 아이들의 성향은 무시한 채 무리에서 리더가 되거나 인기 있는 사람이 되기를 요구한다. 이러한 문화에서 자라면 인간관계를 자연스럽게 맺는 게 아니라 자신을 포장하고 사람들을 관리하는 것으로 끊임없이 애를 쓰게 된다.

인간관계는 크게 두 가지로 구분할 수 있다. '공유관계communial relationship'와 '교환관계exchange relationship'다. 공유관계는 서로의 친밀함과 관심에 기초한 관계인데 비해 교환관계는 서로의 필요와 이익에 기초한 관계다. 즉, 공유관계는 기본적으로 동질감을, 교환관계는 기본적으로 손익에 관계의 뿌리를 두고 있다. 그러므로 공유관계는 시간이 지날수록 가까워지고 편해지지만, 교환관계는 계속 겉돌거나 진정성을 느끼기가 어렵다. 일반적으로 교환관계는 에너지를 충전받는 게 아니라 계속 관리를 해야 하며 에너지를 쓰게 된다. 물론 사회생활을 하면서 자신에게 맞는 사람들과만 관계를 맺을 수 없다. 그러나 그 균형이 필요하다. 실제 인간관계에서 소진증후군을 겪는 사람들의 공통점은 상대적으로 교환관계가 비대하고 공유관계는 미미하다.

오티움은 인간관계의 윤활유가 된다

건강의 핵심은 늘 균형과 조화에 있다. 우리는 공유관계와 교환관계의 균형을 맞춰야 한다. 그렇다면 우리는 어떻게 공유관계를 늘려갈 수 있을까?

건강한 인간관계는 건강한 자아가 있어야 가능하다. 건강한 자아의 기능 중의 하나는 자기 관심사를 찾는 것이다. 자신의 관심사를 찾으면 저절로 자기 세계가 만들어진다. 어릴 때는 학교생활을 하다 보면 저절로 친구가 만들어진다. 그러나 성인이 되면 새로운 친구를 만나는 게 쉽지 않다. 그나마 새 친구를 만난다면 손익 기반의 비즈니스 관계에서가 아니라 관심 기반의 친목 관계를 통해서다. 즉, 자신의 관심사와 비슷한 사람들과 어울리면서 자연스럽게 친밀해진다.

그 공통의 관심사 중에서 중요한 게 취향이며 오티움이다. 오티움을 갖게 되면 그 과정에서 자신의 관심사를 공유하는 사람들과 어울리게 된다. 철학 책을 좋아하면 자연스럽게 비슷한 사람을 만나게 되고, 분재를 키우면 그 비슷한 취미를 가진 사람과 친해지기 쉽다. 그것은 억지로 노력해서가 아니라 자연스러운 과정이다. 즉, 인간관계를 맺기 위해서 인간관계를 하는 것이 아니라 자신의 관심사에 집중하다 보니 저절로 인간관계가 만들어지고 깊어진다. 그렇기에 성인의 자연스러운 관계 형성을 위한 연결고리는 '오티움'이라고 할 수 있다.

실제 오티움을 접한 이후로 많은 사람은 관계의 변화를 경험하게 된다. 자아와 관계의 균형을 맞추게 되고, 다른 사람들에 대한 기대감이 낮아지고, 자신과 맞지 않는 사람과 억지로 관계를 하기보다 관심사를 공유한 사람들과 자연스러운 관계를 맺고, 나이나 지위에 상관없이 비슷한 관심사를 가진 다양한 사람들과 어울린다. 이것이 오티움의 힘이다.

물론 오티움이 때로는 가족의 갈등을 야기하기도 한다. 가족들이지만 각자 취향이 다르기에 오티움을 가족이 함께하는 경우는 많지 않다. 그렇다보니 종종 가족과의 시간보다 자신의 여가 활동을 더 중요하게 여기고 가족에게 소홀해지는 경우가 많다. 그런 모습을 보면 다른 가족들은 이해해주기보다 실망하거나 화를 내기 쉽다. '자기밖에 모르는 사람'으로 낙인찍힌다. 만약 점점 갈등이 커진다면 이는 반드시 해결해야 한다. 균형을 찾으면 다행이지만 갈등이 커지면 그 반발감으로 인해 오히려 여가 활동에 더 몰두하는 경우가 많다. 주말 내내 집을 비우고, 동호회 사람들과 어울리고, 집이나 일터에서도 오티움과 관련된 정보를 찾거나 공부하는 데만 더 몰두하는 경우도 많다. 가족과 나누어야 할 친밀감을 결국 여가 활동을 하는 사람들에게서 찾게 된다. 이는 더 큰 가족 갈등을 야기한다. 그 정도까지는 아니지만 오티움 활동이 실제 가족 갈등으로 이어지는 경우는 꽤 많다.

앞에서 소개한 마라톤을 하는 현미 씨의 경우를 보자. 직장에 다니는 사람들 때문에 처음에는 저녁 시간에 동호회 달리기를 했다. 가족과 함께하는 시간이 눈에 띄게 줄었다. 당연히 아이들과 남편의 불만이 커졌다. 균형을 잡아야 했다. 그것이 오티움과 중독의 차이다. 이 갈등을 풀어내고 균형을 맞추지 못하면 오티움이라고 할 수 없다. 가족에게 고통을 주고 혼자만 행복하다면 그것이 무슨 의미가 있겠는가! 그녀는 자신만 내세우지 않았다. 먼저 나서서 동호회에 새벽반을 만들었다. 이후 갈등은 사라지고 오히려 무언가에 열중해 있는 아내와 엄마를 긍정적으로 바라보게 되었다. 딸 역시 엄마와 함께 연습을 나가는 것은 물론이고 마라톤대회에도 같이 참여하고 있다.

그 활동이 무엇이든 긍정적 연쇄효과가 있어야 오티움이다. 진

정한 오티움은 가족을 포함한 여타의 인간관계를 더 좋게 만들어
준다. 동료관계도 좋아진다. 대화의 소재가 늘어나게 되고 주위 사
람들의 인식도 달라진다. 재주가 많다거나 부지런하다거나 자기
색깔을 가진 사람이라고 긍정적으로 평가해준다. 물론 그러한 인
정과 평가를 위해 오티움을 시작해야 하는 것은 아니고, 반대로 그
러한 인정과 평가를 더 받기 위해 오티움 활동이 흘러가는 것 또한
경계해야 한다.

오티움 활동을 통해 주위에 도움을 주거나 특별한 선물을 하게
되는 경우도 많다. 예를 들어, 뜨개나 그림의 경우 주변의 친한 이
들에게 선물로 줄 수 있기 때문에 이로 인해 관계가 더 좋아진다.
만화를 그리는 진선 씨는 만화가 관계에 미치는 영향을 이렇게 이
야기한다.

"사람들과 대화하고 경험을 공유하다 보면 그것을 만화로 그리
고 싶어져요. 그리고 그 그림을 선물해줘요. 만화로 인해 경험이
더 깊어지고 서로 더 가까워지죠. 다른 사람이 공감해줄 때 참 기
뻐요. 저도 좋고 친구도 좋아요."

나를 중심으로 한 취향공동체

좋은 관계의 기준은 정말 간단하다. 나도 좋고 너도 좋은 관계가

좋은 관계다. 나와 집단의 관계도 그렇다. 나도 좋고 집단도 좋아야 한다.

그러나 과거의 단체생활은 전혀 그렇지 못했다. 과거에는 의사와 상관없이 주어진 집단이 주를 이루었다. 자신이 선택한 것이 아니라 혈연, 지연, 학연 등에 의해 인간관계가 이루어지고 집단이 형성되었다. 가장 대표적인 경우가 친척 모임, 동기 모임, 동문회, 향우회 등이었다. 고향이 어디인지, 학교는 어느 곳을 나왔는지, 나이가 몇인지, 항렬이 어떻게 되는지 등을 따졌다. 어디를 가더라도 사람이 만나면 연고의 공통점을 찾고 나이를 따지며 위아래를 정했다. 같은 고향이라는 이유로 어울렸고, 일 년 빨리 학교에 갔다는 이유만으로 선배 대접을 받으려했고 또 알아서 선배 대접을 해주었다. 나이나 학년이 벼슬이라도 되는 것처럼 복종을 요구했고 정신교육을 시킨다며 몽둥이를 휘둘렀다.

그러나 이제 그런 시대는 갔다. 연고공동체는 급격하게 무너지고 있다. 이제 사람들은 더 이상 학연이나 지연을 중요하게 여기지 않는다. 자신과 별다른 공통점이 없는 사람들과 불필요하게 엮이고 싶어 하지 않는다. 그렇다고 어딘가에 소속되고 싶은 소망과 친밀한 관계에 대한 욕구가 그만큼 약해진 것은 아니다. 관계의 방식이 달라지고 있을 뿐이다.

가장 중요한 차이는 연결의 구심점이다. 예전에는 연고 중심이었다면 지금은 관심과 취향 중심이 되어가고 있다. 이는 젊은 세대만의 변화가 아니다. 나이든 어른들도 마찬가지다. 2018년도 월간 잡지 〈전성기〉는 트렌드 전문가인 서울대학교 김난도 교수 연구팀과 함께 만 50~65세 사이의 성인 1070명을 대상으로 여가에 대한 인식을 설문조사한 적이 있다. 그 결과, 지금의 50대는 과거와 달리 생산적 여가를 즐기고 사회적 관계에 투자를 한다는 특징이 드러났다. 설문 대상자들은 평균 2.11개의 모임에 속해 있었고, 월 2.02회 정도를 참석하고 있었다. 실제 주위를 보면 시니어를 위한 어학연수, 영화 촬영, 운동 프로그램, 도슨트 프로그램 등 강좌와 모임이 많이 늘어나고 있다.

이제 집단은 주어지는 게 아니라 만들어가는 것으로 변화하고 있다. 저절로 소속되는 게 아니라 스스로 선택해서 가입하는 것이다. 그러므로 이 시대의 인간관계는 한층 더 능동적이어야 한다. 자신의 관심사, 취향, 목표 등에 따라 새로운 집단을 찾고 새로운 사람들과 오프라인뿐 아니라 온라인으로 네트워킹해나가는 것이 필요하다.

이는 사회생활과 집단형성에 있어 무엇보다 '나'가 중심이 되어야 한다는 것을 의미한다. 사회학자 배리 웰먼Barry Wellman은 이렇게 자신을 중심으로 한 집단형성을 가리켜 '네트워크화된 개인주의networked individualism'라고 명명했다. 이는 새로운 문화 부족의 탄생을 의미한다. 혈연이나 지연 중심이 아니라 자신의 취향이나 관심사에 기초한 새로운 부족집단이 만들어지는 것이다. 인터뷰를 통해 만난 사람들은 혼자서도 오티움 활동을 즐기지만 또한 자신과 오티움이 같은 사람끼리 어울리는 이들도 많았다.

이러한 취향공동체는 기존의 연고공동체와는 달리 다음과 같은 특징이 있다.

첫째, 수평적이다. 나이, 기수, 위계질서 등을 별로 따지지 않는다. 자신의 관심사에 집중하고 서로를 존중하기에 수평적인 문화가 자리잡는다.

둘째, 개별적이다. 연고 집단이 집단의 결속력을 중요하게 여겼다면 취향공동체는 개인의 취향과 의견을 중시한다. 상대적으로 결속력이 느슨하지만 반대로 집단 내에서 흔히 발생하는 여러 가지 인간관계의 마찰이나 갈등이 적다.

셋째, 유연하다. 들어가기는 쉬워도 나가기는 어렵다는 농담 섞인 말은 의미가 없다. 연고공동체처럼 규율이나 질서를 크게 강조하지 않고 폐쇄적이지도 않다. 어떤 모임들은 처음부터 기간이나 모임의 횟수를 정해놓는 프로젝트 형태로 모임을 개설했다가 기간이 지나면 해체시키기도 한다. 물론 필요하면 다시 또 모임을 만들면 된다.

넷째, 다양하다. 기존의 집단은 연고가 중심이므로 아무래도 나이, 직업, 지역 등 동질적인 요소들이 많다. 하지만 취향공동체는 이질적이다. 이는 집단 내 관용이 자라나고 포용하는 문화가 자리잡을 수 있는 여건이 된다.

다섯째, 함께 성장한다. 취향공동체는 인간관계를 쌓는 게 목적이 아니라 취향의 심화가 목적이다. 친밀함은 그 결과일 뿐이다. 그렇기에 사람들은 제각각 취향을 발달시키고 함께 성장한다.

어떤 대상을 좋아하고 사랑하게 되면
그 대상을 사랑하는 나 또한 바뀌게 된다.
오티움을 통한 기쁨은 삶의 동심원을 그리듯
다른 영역으로 퍼져나간다.
이전보다 삶의 질서와 균형이 잡히고
무엇보다 생기가 느껴진다.
그리고 그 생기는 좀처럼 감추어지지 않고 드러난다.

5장

점점 깊어지는 오티움의 힘

"일상의 기쁨을 넘어
인생의 버팀목이 되다"

1

클래스가 다르다

우리는 어떤 사람들의 실력이나 활동을 보면서 "클래스가 다르다"라고 이야기한다. 그것은 프로의 세계에서만 통용되는 이야기가 아니다. 오티움의 세계도 그렇다. 오티움은 다른 여가 활동과 달리 시간이 지날수록 심화된다. 오티움은 배움과 난이도가 있는 여가 활동이기 때문이다. 스스로 목표를 세우고 했든, 그렇지 않았든 오티움 활동은 점점 깊어진다. 때로는 취미의 경계를 넘어설 수 있다. 심지어 실력으로만 놓고 보더라도 아마추어가 프로를 능가할 수도 있다. 오디션 프로그램을 보면 정말 웬만한 가수들보다 노래를 잘하는 사람들이 얼마나 많은가! 우리 주위에는 숨겨진 재야의 고수들이 많다. 오히려 프로들이 역으로 이들의 기술이나 아이디어를 배우는 경우가 생겨날 수도 있다. 즉, 똑같은 여가 활동이라고 하지만 그 수준의 차이는 하늘과 땅만큼 크다. 같은 시기에 시작해서 같은 햇수 동안 오티움 활동을 했는데도 시간이 갈수록 실력 차이가 난다. 왜 그럴까? 단지 유전자의 차이일까?

배움의 확장

어떤 분야든지 실력 향상을 보이는 이들은 공통적으로 자신의 '경험과 지식을 확장시키려고 하는 욕구'가 강하다. 그것은 누군가 시켜서가 아니다. 깊은 고민과 자발적 문제제기를 통해 스스로 깊어지고자 한다. 예를 들어, 학생들에게 숙제를 내주면 학생에 따라 결과는 무척 다르다. 어떤 이들은 숙제를 하지 않는다. 몸으로 때운다. 어떤 이들은 건성으로 하고, 어떤 이들은 딱 하라고 하는 것까지만 한다. 그러나 어떤 학생들은 과제를 낸 사람의 의도를 생각해보고 수업과는 다른 교재까지 참조해서 성실히 하는 경우도 있다. 한 걸음 더 나아가는 이들도 있다. 이들은 스스로 문제제기를 통해 요구하지 않는 부분까지 연구하여 보다 창의적으로 과제를 수행한다. 기대한 것 이상의 결과물을 가져온다. 그것은 꼭 성적 때문이거나 칭찬을 받기 위해서가 아니다. 이들은 '탐구심'이 강하고, 배운 것을 자발적으로 확장시키고 싶어 하는 '향상심'이 뚜렷하기 때문이다. 이는 공부하는 학생들만의 모습이 아니다. 여가 활동 또한 마찬가지다. 초반에는 열심히 하다가 이후로 안주하는 사람들도 있지만 점점 난이도를 높여가며 도전하고, 원리나 방법에 대해 깊은 의문을 품고 더 많은 공부를 하는 이들도 있다.

이러한 향상심은 경쟁심과 다르다. 향상심은 기본적으로 외부와의 경쟁이 아니라 자신과의 경쟁에 가깝다. 어제보다 좀 더 나은 사람이 되고 싶고, 어제보다 좀 더 나은 삶을 살고 싶은 것이다. 이러한 향상심을 '미켈란젤로 동기'라고 말하기도 한다. 이 말의 유래는 미켈란젤로가 바티칸 시스티나 성당의 천장화를 그리던 때의 한 일화에서 비롯되었다. 약 20미터 높이 위에서 고개가 꺾인 채 하루 종일 천장화를 그렸던 그의 모습을 잠시 상상해보자. 그는 장장 4년에 걸쳐 가로 40.5미터, 세로 14미터의 대형 천장화를 완성했다. 하루는 그림을 그리느라 몰두해 있던 그에게 한 친구가 의아해하며 물어보았다. "여보게, 잘 보이지 않는 곳까지 그렇게 정성껏 그림을 그릴 필요가 뭐 있나? 잘 안 보이는 곳은 대충 그려도 누가 그것을 알겠는가?" 그러자 미켈란젤로는 딱 두 마디로 대답했다. "내가 알지." 즉, 향상심이 높은 사람들은 자기 기준이 중요한 것이다. 그래서 이들은 실력이 바로 늘지 않더라도 꾸준히 연습을 하고, 누가 보거나 보지 않거나 일정한 오티움 활동의 루틴을 유지한다. 이들은 현재의 실력에 만족하기보다 현재 능력보다 조금 상회하는 목표를 세우고 도전한다. 그리고 이에 미치지 못할 때 체념하기보다 무엇 때문에 미치지 못했는지를 분석하고 어떻게 하면 개선할 수 있는지를 검토해 재시도한다. 즉, 실력 향상을 위해서는 단순히 책을 많이 보거나 연습만 많이 한다고 해서 되는 것이 아니다. 중요한 건 자신의 활동을 관찰하고 점검할 수 있느냐다. 이는 습관적인 활동이 아니라 의식적인 활동을 말한다. 운전을 생각해보자. 초보운전 때는 모든 신경이 운전에 집중되어 있다. 깨어 있다. 그러다가 운전이 익숙해지면 어느 순간부터 더 이상 주의를 기울이지 않고 습관적으로 운전을 한다. 더 이상 운전 실력은 늘지 않는다. 출퇴근의 운전이 오티움일 수 없는 이유다. 그러나 당신이 자동차 레이싱을 하게 된다면 이야기는 달라진다. 당신은 다시 모든 주의를 운전에 기울이고 그 기술을 습득하기 위해 공부하고 연습한다. 다시 깨어나는 것이다. 진정한 오티움이란 그런 것이다. '깨어 있는 여가 활동'을 말한다. 많은 여가 활동이 제자리걸음인 이유는 처음에는 자신의 활동에 주의를 기울였다가 시간이 지나면 점점 습관적으로 활동하기 때문이다. 더 이상 의문이나 호기심을 보이지 않고 그냥 하던 대로 하게 되는 것이다.

점진적 과부하와 작은 성취

왜 꾸준히 오티움 활동을 하는데도 늘 실력은 그대로일까? 재능의 부족함을 생각할 수도 있지만 그것만으로는 설명이 되지 않는다.

가장 중요한 이유는 '점진적 과부하'의 여부다. 그리스 전설에 의하면 기원전 6세기경에 크로톤 지역에 밀로Milo라는 사람이 살았다고 한다. 그는 세상에서 가장 힘이 센 사람으로 알려졌다. 그는 어떻게 세상에서 가장 힘이 센 사람이 되었을까? 그가 힘이 세진 데는 특별한 이유가 있다. 그는 집에서 키우던 소가 송아지를 낳자 날마다 송아지를 어깨에 메고 다녔다. 송아지는 점점 자라서 소가 되었지만 그는 하루도 빠뜨리지 않고 소를 들쳐 메었다. 그것이 비결이었다. 그의 힘은 갈수록 세져 기원전 550년경에 열린 고대 올림픽의 레슬링 종목에 참가하게 되었다. 그가 들고 다녔던 송아지는 네 살짜리 황소가 되었지만 그는 이 황소를 메고 경기장에 출전했다. 그가 황소를 메고 등장하는 모습만으로도 모두 기가 죽었다. 힘에 있어 그와 견줄 자는 없었다. 그는 여섯 번이나 고대 올림픽 레슬링 챔피언이 되었다. 점차 늘어나는 소의 무게만큼 자신의 능력도 꾸준히 커진 결과다.

웨이트트레이닝을 할 때 중요한 원칙 중에 하나는 '점진적 과부하progressive overload'다. 이는 모든 운동뿐 아니라 오티움 활동에도 고스란히 적용되는 말이다. 이 말은 '과도한 과부하'와 '과부하 없는 운동'을 모두 경계해야 한다는 의미다. 즉, 웨이트트레이닝 효과를 기대하려면 자신이 감당할 수 있는 한도 내에서 점진적인 과부하를 주어야 한다. 운동기구의 중량, 세트 수 혹은 운동시간을 늘림으로써 근육에 가해지는 긴장을 점진적으로 늘려야만 근력과 근육 크기의 변화를 기대할 수 있다. 6개월 동안 날마다 웨이트트레이닝을 해도 자신이 감당하기 편한 정도로만 매일 운동을 한다면 운동 효과는 별로 나타나지 않는다. 피아노 연주라고 하면 자신이 치기 편하거나 좋아하는 곡만 계속 연주한다면 더 이상 실력이 늘지 않는다. 독서 역시 마찬가지다. 자신이 읽고 싶은 책이나 읽기 쉬운 책만 본다고 해서 공부의 깊이가 늘지 않는다. 자신이 관심 있는 분야의 전문 서적이나 원서와 함께 인접 분야의 책도 볼 필요가 있다. 어려움이 사라지면 기쁨도 사라진다. 오티움이 과거의 행복이 아니라 오늘의 행복이 되려면 깊어져야 한다. 실력이 늘어야 한다. 실력 향상이란 자신의 능력을 조금씩 웃도는 자극과 도전을 통해서만 가능하다. 누가 시켜서가 아니라 스스로 점진적 과부하를 주는 것이다. 이때 중요한 것은 단지 활동 시간을 늘리는 게 아니라 활동의 질을 높이는 것이다. 단순 반복식의 습관적인 활동이 아니라 내적 목표를 세우고 스스로 점진적 과부하를 가하는 훈련을 통해 이루어진다. 이러한 연습은 짜임새가 있다. 어떤 사람들은 혼자서도 이렇게 할 수 있지만, 스스로 체계를 갖출 때까지 전문가나 선배의 도움을 받아야 할 필요도 있다. 그러나 결국 어느 순간에는 독립해야 한다. 활동을 스스로 자기조직화해야 한다.

　많은 이들은 과부하의 조절에 애를 먹는다. 과부하를 자꾸 피하고 편한 상태로 있으려는 것도 문제지만 자신의 상태에 맞지 않게 과도한 과부하를 부과하는 경우도 많다. 두 가지 모두 오티움 활동을 지속하지 못하게 하는 걸림돌이다. 특히, 의욕만 앞서서 과도한 과부하를 가하는 것을 경계해야 한다. 작은 성취경험을 느낄 수 있도록 점진적으로 조절해야 한다. 예를 들어, 일주일에 한 번이나 만화를 그릴까 말까 한 사람이 실력을 늘리고자 '100일 동안 매일 2시간씩 만화 그리기'로 목표를 크게 잡는 것보다는 '일주일 동안 매일 20분 그리기' 정도로 목표를 하향 조정하는 것이 필요하다. 내 몸은 지금 하루 5킬로미터 달리기를 할 정도의 심폐기능과 체력인데, 매일 20킬로미터 뛰는 것은 결국 몸을 망가뜨리는 일일 뿐이다. 그렇기에 머리가 아니라 몸을 통해 계획을 세워야 한다. 능동적 여가 활동을 꾸준히 하지 못하는 사람 중에는 이렇게 의욕이 앞선 사람들이 많다. 늘 무리한 계획을 세우고 좌절한 다음 또다시 무리한 계획을 세운다. 꾸준함은 결심만 한다고 되는 게 아닌데 말이다. 몸보다 마음이 앞서면 안 된다. 몸과 마음이 함께 가야 오래 할 수 있다.

사실 실력이라는 말은 추상적 개념 같지만 매우 실체적인 개념이다. 실력 향상은 뇌의 변화다. 즉, 실력이 향상된다는 것은 뇌 신경회로의 확장과 새로운 형성을 의미한다. 예를 들어, 당신이 저글링에 능통해질수록 시각적 운동의 처리를 담당하는 뇌의 해당 부위가 커진다. 바이올린이나 기타 연주를 익힐수록 왼손의 손가락을 담당하는 뇌의 부위가 다른 사람에 비해 월등한 차이를 보인다. 단, 의식적 활동과 점진적 과부하가 주어졌을 때의 이야기다.

오티움 활동의 단계

오티움은 쉬운 여가 활동이 아니다. 난이도가 있다. 악기를 연주하거나, 외국어를 배우거나, 사진을 촬영하거나, 서핑을 하거나, 커피를 즐기거나, 특정 분야의 공부를 하거나, 명상을 하거나, 영화를 감상하거나 분재를 가꾸는 것 등 모든 오티움 활동은 지식과 기술을 요하며 이를 꾸준히 닦아 실력으로 만들어가는 과정을 거친다. 이는 마치 중세 유럽의 직업교육이라 할 수 있는 도제교육처럼 단계가 있다. 도제교육은 3단계로 수습공apprentice, 직인journeyman, 장인master의 과정을 거친다. 기본 과정을 마친 수습공은 다른 장인들이 있는 곳을 여행journey 다니면서 그 기법을 연마시켰기에 직인journeyman이라고 불렀다. 수습공은 돈을 벌지 못하지만 직인이 되면 장인의 일을 도우면서 약간의 돈을 받았다. 지금도 우리의 직업 풍토에는 이러한 도제식 과정이 남아 있고, 때로는 악용되기도 한다.

여가를 즐기는 단계에서 직업의 과정을 그대로 적용하기는 무리가 따르지만 오티움 활동 역시 실력 향상에 따라 5단계로 나누어볼 수 있다. 능동적 여가와 일은 공통적으로 시간을 거치면 거칠수록 실력이 늘어나고 그 경험의 질이 향상되기 때문이다. 지금부터는 자신의 여가 활동이 어느 정도의 단계인지 생각해보자.

1단계 **초보자**beginner 하고 싶은 여가 활동을 이제 막 시작한 상태다. 의욕과 호기심, 배우려는 태도가 잘 갖춰져 있다. 정보를 찾아보고 여러 사람에게 묻고 배운다. 종종 관심과 노력에 비해 실력이 뒤따르지 않고 실수가 잦아 답답해하거나 좌절하거나 흥미를 잃어버릴 수도 있다. 오티움 활동에 잘 진입할 수 있도록 도와주는 조력자가 필요하다.

2단계 **중급자**intermediate 기본적인 기술과 지식을 익힌 상태로 실력이 늘어나는 것을 느끼며 재미를 느끼고 몰입이 잘 이루어진다. 누군가의 도움 없이도 혼자서 활동을 즐길 수 있게 된다. 그러나 시간이 지날수록 매너리즘에 빠져 슬럼프가 나타나기 쉽다. 흥미를 잃거나 실력이 늘지 않는 것이다. 활동을 멈추거나 그 상태에 머물러 난이도 없는 여가 활동으로 이어지거나, 혹은 점진적 과부하를 통해 실력을 더 늘려가는 이들도 있다.

3단계 **상급자(숙련가)**practitioner 해당 분야의 수준 높은 기술과 지식이 체화된 상태다. 목공이라고 하면 기계로 자른 것처럼 정교하게 톱질을 하고 눈 감고 망치질을 할 만큼 숙달된 경지다. 숙련가에 이르면 초보자가 흥미를 가지고 그 활동을 이어가도록 지도할 수 있고 그 과정에서 기쁨을 느낄 수 있다. 그러나 숙련가에게 부족한 것은 창의성이다. 요리라고 하면 특정 요리를 아주 잘 만들지만 독창적 레시피를 가지진 못했다. 공부라고 하면 많은 지식을 알고 있지만 자신만의 이론이나 철학을 구축하지 못한 상태다. 이 단계 역시 매너리즘에 잘 빠진다. 기술과 지식이 숙달되었기에 특별히 더 노력하지 않고 그 상태에 안주할 수 있다. 이전처럼 흥미나 몰입이 이루어지지 않고 습관적으로 활동할 수 있다.

4단계 전문가expert 많은 숙련가들이 결국 더 이상 연구하고 훈련하지 않은 채 자신의 실력에 만족한다면 전문가는 한 단계 더 올라선 이들이다. 이들은 숙련된 기술과 지식에 갇히지 않고 더 높은 '의식적인 자기 수련'을 통해 독창적인 기술이나 이론을 구축한다. 전문가로서의 차별적인 자기 세계를 갖추게 된다. 아마추어에서 프로(전문 직업인)로 전향하는 이들도 많이 생겨난다. 그 세계에서 이름이 알려지고 사람들이 모이며 초보자뿐 아니라 중급자 이상의 사람들도 체계적으로 이끌거나 지도할 수 있다.

5단계 지도자guru 해당 분야에서 넘볼 수 없는 실력을 갖추고, 독창적인 이론과 기술을 완성시킨다. 많은 사람들을 길러내어 일가를 이룬 상태다.

2

슬럼프라는 통과의례

제약회사에 다니는 진영(32세) 씨는 취미로 드럼을 배운다. 약 10개월 동안 드럼의 재미에 푹 빠졌다가 반 년 정도 공백을 거친 후 다시 배우고 있다. 그녀는 왜 10개월 만에 드럼을 그만두었을까? 친구 때문이었다. 처음에는 친구들에게도 드럼을 배운다는 것을 밝히지 않았다. 그런데 그녀에게서 평소와 다른 활기를 느낀 한 친구가 집요하게 물어보았다. 친구는 사실 연애라고 짐작했다. 그러나 연애가 아니라 드럼이라는 것을 알고 난 후 친구 역시 함께 배우고 싶어 했다. 마다할 이유가 없었다. 그녀는 자신이 다니는 학원을 소개해주었고 틈틈이 친구에게 드럼에 대해 가르쳐주기도 했다. 처음에는 친구랑 취미 활동을 하니 더 재미가 있었다. 그러나 불과 3개월도 되지 않아 친구의 실력은 눈에 띄게 늘었다. 9개월 정도 배운 자신보다 더 잘했다. 혼자만의 생각이 아니었다. 학원 선생님으로부터도 소질이 있다는 칭찬을 많이 받았다. 그때부터 위축이 되었다. 친구가 연주하는 모습을 보면 뭔가 급이 다른 느낌이 들었다. 친구가 잘한다는 생각보다 '난 못하는 거였구나'라는 생각을 떨칠 수가 없었다. 급격히 흥미를 잃었다. 회사 일이 바빠서라는 핑계로 빠지다가 결국 학원을 그만두고 말았다.

슬럼프는 너무나 자연스러운 일이다

이후 6개월 동안은 스틱을 잡지 않았다. 그러나 흥겨운 노래를 들을 때마다 몸부터 반응했다. 계속 드럼 생각이 났다. 그녀는 자신을 속일 수 없었다. 그녀는 왜 자신이 좋아하던 드럼을 그만두었는지 다시 생각해보았다. 여러 이유가 있지만 결국 친구랑 자신의 실력을 비교했기 때문이었다. 여가 활동일 뿐인데도 마치 공부나 일에서처럼 경쟁심과 질투를 느꼈음을 부정할 수 없었다. 그녀는 친구에게 질투심을 느낀 게 부끄러웠다. '그냥 나를 위해 계속할 수는 없었을까?' 그녀는 오랜만에 녹화해두었던 자신의 연주 장면을 다시 보았다. 얼굴에 환한 웃음을 지으며 신나게 연주하는 예전의 내 모습을 다시 보니 가슴이 뛰었다. '내가 이렇게 환히 웃어본 적이 언제였던가!' 그녀는 자신의 작은 행복을 다시 되찾기로 했다. 나의 기쁨이 중요하지 누가 나보다 잘하는 게 무슨 문제란 말인가!

흔히 하는 일이 잘 풀리지 않을 때가 있다. 하기 싫고 할 힘도 없고 물론 결과도 좋지 않다. 우리는 이럴 때 슬럼프에 빠졌다고 이야기한다. 슬럼프란 원래 운동선수들이 '한동안 실력이 늘지 않고 저조한 상태가 지속되는 상태'에 빠질 때 쓰는 용어다. 그러나 이는 운동뿐 아니라 일이나 여가 활동 또한 마찬가지다. 여가 활동 역시 반복해서 하다 보면 어떤 벽에 부딪힌다. 예전처럼 재미도 느낄 수 없고 실력도 늘지 않는다. 마치 연인 간의 관계에서 권태기에 빠져드는 것과 같다. 예를 들어, 악기 연주라고 하면 어느 순간부터 더 이상 실력이 늘지 않고, 공부라고 한다면 어느 순간부터 재미가 느껴지지 않는다. 흔히 그 순간 그 활동에 대한 흥미가 급격히 식어버리게 된다. 누군가는 그런 슬럼프가 오면 그 활동을 버리고 또 다른 활동에 관심을 가지게 된다. 마치 연인과 헤어지고 또 다른 가슴 뛰는 사랑을 찾아가는 사람처럼!

재즈 기타리스트인 존 스코필드John Scofield는 슬럼프에 대해 이렇게 이야기를 했다. "어떤 날은 연주가 잘되지만 또 어떤 날은 그렇지 못하다. 인생과 똑같다. 그러나 어느 날 연주에 진전이 없는 날이 있다면 그 이튿날은 분명 영감이 떠오르고 진전이 있을 것이다. 그러니 걱정할 필요가 없다. 그러므로 매일 연습하라." 매일 연습할 것을 당부했지만 어쩌면 그가 가장 강조한 것은 슬럼프란 것이 너무 자연스러운 과정이라는 사실이다. 오티움 활동을 하는 모든 사람들이 슬럼프를 겪는다. 자신의 기대만큼 실력이 나아지지 않고, 다른 사람들이 자신보다 더 잘하는 것 같고, 뭔가 알 듯하면서도 모르는 것 같고, 처음에 느꼈던 보람이나 재미도 사라지는 등 지금 하고 있는 활동에 흥미를 잃게 된다. 그것은 슬럼프가 어떤 이상한 상태를 의미하는 게 아니라 아주 정상적인 과정임을 말해 준다. 우리는 슬럼프를 피할 수 없다. 실력 향상은 노력이나 시간에 비례하여 늘어나지 않으며, 인간은 시간이 지나면 지날수록 자주 접하는 대상에 대해 권태라는 감정을 느끼도록 설계되어 있기 때문이다.

많은 이들이 착각하는 것 중의 하나는 깊이나 실력 향상이 시간과 노력에 비례한다고 보는 것이다. 그러나 실력 향상의 과정은 일직선이 아니다. 굳이 이야기하자면 폭이 넓은 계단 모양에 가깝다. 아무리 시간과 노력을 투자해도 실력이나 깊이가 달라지지 않는 '수평적 정체기'가 있다. 문제는 그 기간이 대체로 길다는 점이다. 계속 제자리걸음하는 느낌이 들 수밖에 없다. 그러나 그 시기에 아무런 변화가 없는 것은 아니다. 불 위에 올린 물이 서서히 온도를 높여가듯 정체기 동안에 소리 없이 깊이가 채워진다. 그리고 물이 100도에 끓어오르는 것처럼 어느 순간 '수직적 상승기'를 맞이한다. 한 단계를 넘어서는 것이다. 그전에는 서툴렀던 동작들이 어느 순간 자연스럽게 이루어지기도 하고, 이해하지 못했던 개념들을 어느 순간 확 깨닫게 되고, 스승이나 선배가 이야기했던 것이 무엇인지를 몸으로 느끼게 되고, 넘을 수 없을 것 같던 어떤 벽을 넘어 새로운 세계로 진입한 것 같은 느낌이 든다. 그 순간 지긋지긋한 지루함을 뚫고 어떤 희열감이 밀려온다. 그 느낌은 지루한 정체기를 인내해온 사람들의 것이다. 그러므로 오티움 활동이 깊어지려면 배움 이전에 배움의 태도를 배워야 한다. 뭔가 넘어가기 어렵거나 실력이 늘지 않는 상태에서 체념하고 중단하는 것이 아니라 고민과 훈련을 거듭해서 그 턱을 넘어가는 체험이 있어야 한다. 그 턱이 바로 슬럼프다.

슬럼프를 어떻게 벗어날 것인가!

———

슬럼프가 길어지는 데는 크게 두 가지 원인이 있다. 첫째는 결과에 대한 기대다. 어느 순간부터 '○○보다 잘해야 한다'거나 '내 노력이나 기대만큼 결과가 나와야 한다'는 기대감을 말한다. 이는 오티움의 본질인 과정의 기쁨을 무너뜨리는 압박감으로 작용한다. 둘째는 매너리즘이다. 점진적 과부하를 통한 기술이나 지식의 향상 없이 습관적으로 활동하다 보면 권태라는 감정에 필히 빠지게 된다. 흥미를 잃는 것이다. 슬럼프를 피할 수 없다면 우리는 슬럼프를 딛고 넘어가는 수밖에 없다. 슬럼프는 대나무의 마디와 같다. 즉, 한 시기의 성장과 다음 시기의 성장을 나누어주는 눈금인 셈이다. 슬럼프는 정체를 의미하지만 어떻게 보면 실력 향상의 자연스러운 과정이다. 우리는 오직 슬럼프를 거침으로써 새로워지고 향상될 수 있다. 슬럼프를 충분히 예상한 이들에게 슬럼프는 자연스러운 과정일 뿐이다. 그에 비해 슬럼프를 전혀 예상하지 못한 사람일수록 슬럼프에서 벗어나기 힘들다. 그렇다면 막상 슬럼프가 찾아왔을 때 우리는 어떻게 해야 할까? 예전에는 즐겁게 했던 활동이 이제 지루하거나 지겨워지면 우리는 무엇을 해야 할까? 오티움 활동가들이 슬럼프에서 어떻게 빠져나왔는지 그 과정을 살펴보면 도움을 받을 수 있을 것이다.

첫 번째는 '관찰하기'다. 슬럼프는 습관적인 활동에 빠질 때 일어나기 쉽다. 자신의 활동에 주의를 기울이지 않고 대충대충 하거나 습관적으로 하는 경우에 잘 나타난다. 그러므로 습관적인 활동에서 벗어나기 위해서는 주의 깊은 관찰이 중요하다. 오티움 활동을 기록하는 것은 관찰을 불러일으키고 의식적 활동으로 이어갈 수 있는 좋은 방법이다. 매일 달리기와 실내 홈트레이닝을 하는 예림 씨(35세) 역시 중간에 슬럼프가 찾아왔다. 체중도 잘 빠지지 않는 데다가 중간에 무리한 운동으로 부상을 입은 뒤로는 운동을 하는 게 싫어졌다. 그녀가 슬럼프에서 벗어난 방법은 '움직임 일지'를 쓰는 것이었다. 꼭 운동시간만 기록한 게 아니라 일상의 움직임을 기록했다. 운동은 물론이고 설거지, 빨래, 걷기, 계단 오르기 등 일상의 활동을 관찰하고 그 느낌을 글로 기록했다. 이를 통해 일상 활동이 보다 깨어나고 활기가 생겨났다. 좋은 자세와 움직임이 저절로 만들어진 것이다.

두 번째는 '**위로와 격려**'다. 기대와 현실의 차이가 클수록 슬럼프에 빠지기 쉽다. 그렇기에 사람들은 이 불일치의 딜레마를 두 가지 방향으로 조절한다. 하나는 욕심을 줄이고 과정을 즐기기 위한 위로의 방식이고, 또 하나는 전문가들의 활동을 보며 노력을 더 해 나가자는 격려의 방식이다. 위로가 바라는 기대를 낮추는 것이라면, 격려는 자신의 노력을 분발하고자 함이다. 흔히 위로는 '너무 잘하려고 애쓰지 마. 이건 내가 즐기려고 하는 거야'라는 식으로 스스로를 다독거리는 것이다. 그에 비해 격려는 전문가들의 작품이나 공연, 활동을 가까이에서 보는 것이다. 그 과정에서 자연스럽게 그 활동 속에 얼마나 많은 시간과 노력이 배어 있는지를 느끼게 된다. 감동을 받고 격려를 받으며 다시 일어선다.

세 번째는 '**변화의 추구**'다. 슬럼프는 새로움이 없을 때 찾아온다. 반대로 새로움이 더해지면 슬럼프도 사라진다. 그러므로 슬럼프가 찾아오면 우리는 새로운 자극이나 변화를 초대해야 한다. 이는 너무나 다양하다. 예를 들어 아동심리학 공부가 오티움이라고 한다면 너무 그 분야의 내용만 파고들어갈 것이 아니라 좀 더 호기심이 가는 연관 분야의 심리학을 공부해보는 것도 좋다. 이 역시 자신의 관심사에 주목해야 한다. 영화에 관심이 있다면 영화심리학일 수도 있고, 그림에 관심이 있다면 정신분석과 그림을 연결시켜 공부를 해보는 것도 좋다. 대바늘로 뜨개를 하다가 점점 재미를 잃어가고 있다면 실의 색이나 종류를 바꿔보거나 분야를 넓혀가는 것도 한 가지 방법이다. 예를 들어 퀼트나 자수를 배우는 것이다. 당신이 드립커피를 즐기는 커피애호가라면 커피에 소금, 술, 치즈, 생크림 등 다른 재료를 섞어가며 이색적인 맛을 시도해보는 것도 좋다. 세상에 없는 단 하나의 커피를 만들어가는 과정 또한 깊이를 더해준다. 당신이 클래식기타를 배우는데 실력이 늘지도 않고 흥미를 잃어간다면 가까운 친구들을 초대하는 미니콘서트를 마련하거나 연주하는 장면을 촬영해 유튜브에 올려보는 것도 새로운 자극이 될 수 있다. 그리고 방법의 변화가 아니라 오티움 활동 공간의 변화를 꾀하는 것도 좋다. 늘 집에서 그림을 그렸다면 자연 속에서 그림을 그려보거나, 실내에서 태극권 수련을 했다면 밤에 공원에 나가 수련을 해보는 것도 좋다. 공간이 바뀌면 우리 마음도 바뀌는 법이다.

네 번째는 '**회고하기**'다. 과거의 오티움 활동을 되돌아보는 것은 슬럼프 탈출에 큰 도움이 된다. 결과나 보상과 상관없이 그 활동을 즐겼던 지난날들의 기록은 초심과 함께 그 즐거움을 다시 부활시킬 수도 있다. 드럼을 연주하는 진영 씨처럼 많은 오티움 활동가들이 슬럼프를 겪게 되는 계기는 다른 사람과의 비교 스트레스 때문이다. 이런 경우에는 더욱더 초심으로 돌아가는 것이 필요하다. 이를 위해 자신의 오티움 활동에 대한 기록물을 보는 것은 큰 도움이 된다. 마치 여행을 가고 싶을 때 과거 여행지에서 찍은 사진을 보면서 그때의 감흥을 다시 음미하는 것과 비슷하다. 혹은 아이가 말을 듣지 않아 너무 속상하고 힘든데 가족 앨범을 보면서 아이에 대한 사랑과 지금 이렇게 옆에 존재한다는 사실만으로도 다시 감사함을 느낄 수 있는 것과 마찬가지다. 오티움 활동과 관련된 예전의 글, 사진, 동영상, 상장이나 기념품, 손때 묻은 작품 등을 보면 어느덧 마음이 새로워진다.

다섯 번째, '**잠시 멈춤**'이다. 오티움은 일상 활동이기는 하지만 그렇다고 날마다 쉬지 않고 하는 활동일 수는 없다. 아무리 맛있는 음식도 계속 먹으면 질리는 것처럼 오티움도 얼마든지 질릴 수 있다. 이럴 때 변화를 시도하고, 지난 시간들을 회고해도 잠시뿐이고 이내 다시 권태와 슬럼프가 찾아올 수 있다. 그렇다면 군이 억지로 슬럼프를 극복하려고 애쓰는 것도 내려놓을 필요가 있다. 슬럼프 탈출을 위한 좋은 해법 중의 하나는 '안 하는 것'이다. 물론 쉬는 것을 말한다. 다시 하고 싶어질 때까지 말 그대로 멈추는 것이다. 진짜 오티움이라면 잠깐 쉰다고 해서 영원히 쉬게 되는 것은 아니다. 내 영혼의 기쁨을 주는 오티움은 그 불꽃이 사그라질 수는 있지만 불씨마저 꺼지지 않는다. 한동안 잊고 지냈더라도 시간이 지나면 다시 타오르게 된다. 그것이 오티움이다. 피아노 연주가 당신의 오티움이라면 시간이 지나 언젠가 다시 피아노 앞에 앉을 것이고, 테니스가 오티움이라면 또다시 라켓을 잡을 것이다. 물론 그런 때가 오지 않을 수도 있다. 그 역시 거기까지가 인연이라고 볼 수 있다. 꼭 늙어 죽을 때까지 그 활동을 함께해야 하는 것은 아니다. 어쩌면 또 다른 오티움이 당신을 기다리고 있을지 모른다. 아무튼 재미를 잃고 권태가 해소되지 않으면 멈춰라. 그리고 다시 하고 싶어질 때 그때 다시 시작하라.

여섯 번째, '**함께하기**'다. 인간이 사회적 존재임은 오티움 활동에도 여지없이 드러난다. 혼자 하는 오티움 활동도 좋지만 함께 모여 오티움 활동을 하는 것이 훨씬 즐겁다. 혼자 하는 가운데 슬럼프나 권태기에 빠졌다면 꼭 다른 사람과 같이 하는 시도를 해보면 좋다. 예를 들어, 명상도 혼자 조용히 하는 것이 좋지만 때로는 사람들과 함께 모여 하는 것도 좋다. 다른 활동은 더 말할 것도 없다.

일곱 번째, '**깊이 추구**'다. 슬럼프의 본질적 문제해결은 실력을 향상시키는 것이다. 아이러니하지만 실력 향상이 이루어지지 않아 생겨난 슬럼프라도 그 해법은 실력 향상이다. 앞에서 이야기한

벨리댄스를 하는 수정 씨의 경우를 보자.

"저는 성실한 사람이 아니라고 생각했어요. 그런데 춤으로 인해 나에 대한 평가도 달라졌어요. 적어도 춤에서만큼은 나는 성실한 사람이에요. 벨리댄스를 배울 때 몇 달을 해도 안 되는 동작이 있었어요. 남들은 잘되는데 저는 그 동작이 안 되니까 그냥 다 포기하고 싶더라고요. 그런데 포기하려는 순간, 그런 저를 스스로 용납할 수가 없었어요. 연습에 연습을 더하게 되었죠. 그러던 어느 날 그 동작이 자연스럽게 나왔어요. 그 순간의 기쁨을 잊을 수가 없어요. 가슴이 부풀어오르고 날아오를 것만 같았거든요."

연주 분야에서는 '이삭 스턴 규칙'이라는 게 있다. 위대한 바이올린 연주가인 이삭 스턴Isaac Stern이 연주 기법이 좋아질수록 반복 연주를 지루해하지 않고 오래할 수 있다고 한 말에서 유래되었다. 실력이 늘면 늘수록 반복을 견딜 수 있는 능력이 커진다는 것이다. 즉, 실력이 늘수록 지루해하지 않고 집중해서 연습할 수 있는 시간도 길어진다. 이를 심리학에서는 '승수효과multiplier effect'라고도 표현한다. 특정 분야에서 작은 이득이 훨씬 큰 이득을 발생시키는 일련의 사건을 일으킬 수 있다는 것이다. 연습이 기량을 향상시키고, 향상된 기량으로 더 큰 기쁨을 느끼고, 그렇기에 더 오래 연습을 하고, 나아가 더욱 기량이 향상되는 선순환이 성립된다. 경험이 경험을 부르고, 경험이 열정을 만드는 것이다. 그러므로 우리는 역설적이지만 슬럼프를 환대하며 실력 향상의 계기로 삼아야 한다.

3

모두가 성장하는
오티움 공동체

코로나 이후 세상은 어떻게 달라질까? 많은 사람은 '언택트untact 사회'가 될 것이라고 이야기한다. '언택트untact'라는 말은 '접촉하다'는 뜻의 '컨택트contact'에 부정의 의미인 'un'을 합성한 신조어다. 즉, 사람과의 직접적인 접촉을 피하고 사회적 연결이 약화되는 사회가 될 거라고 보는 것이다. 나는 그러한 예측에 반대한다. 뼛속 깊이 사회적 존재인 인간에게 접촉이란 없어서는 안 될 공기와도 같은 것이기 때문이다. 사회의 특정 영역, 즉 '언택트 경제'는 빠르게 확대되겠지만 사회 전체가 비접촉 사회로 바뀌는 것은 아니라고 본다. 다만 불필요한 모임은 더욱더 줄어들 것이다. 그에 비해 자신의 관심사와 취향을 기반으로 한 사회적 관계는 더욱 활성화될 것이다. 이러한 모임은 주제와 운영 방식은 다 다르지만 취향과 관심을 공유하고 수평적으로 관계 맺는다는 점은 비슷하다. 이러한 취향 공동체는 자아와 관계의 균형을 맞춰준다. 즉, 자신의 취향이나 개성을 심화시켜가면서 동시에 관심사가 비슷한 사람들과 새로운 연결을 만들어주기 때문이다. 게다가 취향의 심화와 실력 향상에도 큰 역할을 한다.

우리는 결코 혼자 배울 수 없다

"남들보다 조금 더 멀리 보고 있다면 그것은 내가 거인의 어깨 위에 올라서 있기 때문이다" 이는 물리학자 아이작 뉴턴의 말이다. 과연 이 말이 겸손의 표현이었을까? 인간이 뼛속 깊이 사회적이라는 의미는 전 영역에 걸쳐서 해당한다. 특히, 학습에서 두드러진다. 간혹 '독학獨學'으로 배웠다고 이야기하는 사람이 있지만 세상에 독학이라는 것은 존재하지 않는다. 어떤 사람이든 그는 인류가 쌓아올린 지식, 경험, 기술, 문명의 토대 위에 서 있다. 직접 가르쳐준 스승이 없다고 해서 스스로 배웠다고 주장하는 것은 사회적 존재로서의 자신을 망각한 것이다. 인간은 혼자 배울 수 없다. 특히, 혼자 힘으로는 결코 넘어설 수 없는 학습 영역이 있다. 반드시 누군가의 도움을 통해서만 이끌어낼 수 있는 영역이 존재하는 것이다. 그 도움이 직접적이냐 간접적이냐의 차이일 뿐이다. 사회적 인지발달 이론을 주장한 구소련의 교육학자 레프 비고츠키Lev Vygotsky는 '근접발달영역zone of proximal development'이라는 개념을 제시한 바 있다. 이는 아동이 혼자 발달할 수 있는 수준과 교사나 또래들의 도움을 받아 발달할 수 있는 수준에는 엄연한 격차가 있다는 점을 의미한다. 즉, 혼자 애를 써서 배우는 것과 누군가의 도움을 받고 배우는 것은 명백한 차이가 있는 것이다. 오티움과 같은 여가 활동 또한 그렇다. 혼자 오티움 활동을 심화시켜나가는 것은 쉽지 않다. 다른 사람들의 도움이 필요하다. 학원과 같은 전문 교육기관을 찾아갈 수도 있지만 아마추어로서의 오티움 활동은 자생적인 동호회를 통해 이루어지는 경우가 많다. 오티움 공동체는 개인이 혼자 성장할 수 있는 여지보다 더 높은 경지로 이끌어줄 발판이 되어준다.

그런 의미에서 오티움 모임은 일종의 '취향공동체'이면서 동시에 '학습공동체'다. 먼저 오티움을 심화시켜나간 이들이 나중에 오티움에 입문한 이들에게 손을 내밀어 이끌어준다. 그들이 있기에 초보자들은 시행착오를 덜 하고 실력 향상에 도달한다. 예를 들어, 마라톤이라고 한다면 기록 향상을 위해 격려를 하면서 동시에 건강을 해치거나 부상을 입지 않도록 여러 가지 정보 제공을 아끼지 않는다. 오프라인 훈련이나 실제 대회에서는 오버페이스하지 않고 기록을 향상하도록 기꺼이 페이스메이커 역할도 맡는다. 공부 모임이라면 기꺼이 자신의 커리큘럼과 자료를 공유하지만 모임의 운영에 필요한 경비 외에는 특별한 보수를 받지 않고 스터디를 이끌어가는 경우도 많다. 오티움 공동체에서 이러한 가르침과 도움은 어떤 이득을 바라서가 아니다. 자신 역시 누군가의 도움을 통해 배우고 익혔기에 기꺼이 누군가의 손을 잡아주는 것이다. 물론 꼭 직접적인 가르침만이 학습이 아니다. 그냥 같이한다는 것 자체가 긍정적 자극이 되고 모델링이 이루어진다. 동호회의 다른 사람을 보며 자신의 부족함을 깨우치고 끊임없이 배운다. 마라톤이 오티움인 현미 씨는 그 경험을 이렇게 회상한다.

"처음에 달리기를 시작할 때는 고욕이었어요. 그냥 살을 빼겠다는 목표를 바라보고 억지로 뛰었던 것이지 달리는 즐거움을 느낄 수 없었어요. 그런데 동호회에 들어가고 난 후에 비로소 달리기의 기쁨을 맛보기 시작했어요. 지지와 응원과 격려를 아무 조건 없이 받았어요. 동호회 사람들을 통해 어떻게 부상 없이 달릴 수 있는지, 체계적으로 훈련할 수 있는지 등을 배울 수 있었어요. 처음 10킬로미터 마라톤에 나갔을 때 생각이 나요. 저보다 훨씬 잘 뛰는 동호회 사람들이 기꺼이 저를 위해 페이스메이커가 되어 제 속도에 맞춰 뛰어주었어요. 함께 달린다는 것 자체가 저에게는 가장 큰 동기입니다. 아무리 어려운 구간이라도 같이 달리면 이겨낼 수 있어요."

그녀 역시 이제 새롭게 동호회에 들어오는 사람들을 위해 기꺼이 안내자 역할을 한다. 자신이 도움을 받았기에 당연히 그 도움을 또 다른 이들에게 돌려주고 싶은 것이다.

집단 창조성

"1869년에야 마네를 다시 만났다. 우리는 만나자마자 단번에 절친한 친구가 되었다. (중략) 아직 아무것도 결정되지 않은 마음 상태를 항상 유지했고, 서로를 자극해 진지하고 사심 없는 질문을 주고받았으며, 마음속에 품은 아이디어의 최종 형태를 구체화할 때까지 몇 주 동안 계속해서 열정을 쏟아부었다. 그리고 나서 집으로 향할 무렵이면 언제나 치열한 논쟁에 한층 단련된 상태였으며, 새로운 목적의식이 싹텄고, 머리가 전보다 맑아졌다."

이는 책《그들의 생각은 어떻게 실현됐을까》에 소개된 인상파 화가들의 이야기다. 인상파는 1872년 파리의 한 살롱에서 태동했다. 있는 그대로를 재현하는 전통회화 양식에 반기를 들고 빛과 시간에 따라 변화하는 자연의 모습을 주관적으로 표현한 새로운 그림들을 선보였다. 보수적인 비평가들이 이를 좋게 봐줄 리 없었다. 그들은 "부정이든 긍정이든 작품이 어쨌든 인상적이다"라는 말로 비꼬듯이 말했다. 서양 근대미술의 큰 획을 그은 인상파가 등장한 순간이다. 사실 인상파는 클로드 모네라는 뛰어난 한 미술가가 만들었다기보다 모네, 마네, 드가, 르누아르, 세잔 등 여러 사람들에 의해 만들어졌다고 보아야 한다. 이들은 모임을 통해 그림에 대한 사심 없는 질문을 주고받았고, 이 모임은 서로에게 모험을 감행할 용기를 불어넣어준 창조적 집단이었다.

우리는 흔히 창조성을 개인적 능력으로 생각한다. 그러나 창조성을 연구하는 심리학자 키스 소여Keith Sawyer는 창조성이란 기본적으로 협력과 공유를 통해 생겨난다고 보고 이를 '집단 천재성group genius'이라는 용어로 표현했다. 즉, 뛰어난 창조적 결과물이란 고독한 천재에 의해 만들어지는 것이 아니라 집단 속에서 서로를 자극해 혁신과 도전으로 이어진 결과라는 것이다.

실제 15세기 이탈리아 피렌체가 문예부흥의 중심지가 된 것은 메디치라는 금융 가문이 당대의 조각가, 과학자, 시인, 철학가, 화가, 건축가 등을 적극적으로 후원하고 서로 교류할 수 있도록 교차점 역할을 했기 때문이다. 그러므로 창조적으로 살아가기를 희망하는 사람들에게는 의미 없는 군중mass이 아니라 공통의 관심사와 창조적 젖줄이 되어줄 수 있는 '문화 부족cultural tribe'이 절대적으로 필요하다. 군중은 구성원을 탈 개성화시키고 집단사고로 몰아가지만, 문화 부족은 구성원이 자기답게 살도록 고양시켜주고 집단지성을 발휘하기 때문이다. 당신은 창조적 인간으로 살아가기를 원하는가? 그렇다면 군중을 떠나 당신의 고유함을 드러낼 수 있는 문화 부족을 찾아가야 한다. 집단 창조성의 보고! 오티움 공동체야말로 우리를 더욱더 창조적 존재로 살아가도록 길러내는 토양이 된다.

함께 배우고 함께 성장하는
오티움 공동체

개인화라는 거대한 메가트렌드와 IT기술의 발달은 우리의 관계 방식과 모임을 혁명적으로 바꾸고 있다. 21세기에 새로운 형태로 살롱문화가 다시 태동하고 있는 것이다. 물론 비교할 수 없을 정도로 개방적이고 대중적이다. 과거 프랑스의 살롱처럼 특권층만을 위한 모임이 아니라 많은 사람이 어렵지 않게 참여할 수 있다. 그 종류는 정말 다양하다. 취향이 같은 사람끼리 일회적인 모임만 하고 끝나는 경우도 있고, 동호회를 통해 지속적으로 교류하는 이들도 있다. 물론 과거에도 등산이나 와인 동호회 같은 모임들이 있었다. 그러나 과거의 동호회들은 시간이 지날수록 취향의 공유와 심화에 목적을 두기보다 친분을 쌓는 쪽으로 변질되는 경우가 많았다. 모임이 끝나면 늘 뒤풀이가 이어지고, 모임의 크기를 늘려가는 데 급급하고, 몇몇 사람들의 희생으로 모임이 운영되거나 혹은 알게 모르게 위계질서가 형성되고, 그 안에서 또 소그룹이 만들어져 모임 안에 분쟁이 끊이지 않는 등 여러 부작용도 많았다. 그에 비하면 최근의 취향공동체는 좀 더 작고 가볍다. 회원 숫자에 연연해하지도 않고 집단 안에서 끈끈하게 얽히는 관계를 원하지도 않는다. 관계를 중시하기보다는 취향의 공유와 심화라는 그 목적에 부합하는 활동에 집중한다. 이는 자기표현을 중시하고 관계에 대한

불필요한 스트레스를 피하고 싶은 밀레니얼 세대의 특성이 반영되어 있다.

　그렇다고 덜 친밀하다고 이야기할 순 없다. 자신의 영혼을 기쁘게 하는 오티움을 통해 서로 연결되고 끊임없이 상호영향을 주고받기 때문이다. 이 모임 안에서는 외향적인 사람뿐 아니라 내향적인 사람들 또한 주도적이다. 이는 관계에서의 주도성이 아니라 오티움 활동에서의 주도성을 말한다. 야생화 사진촬영 모임, 가죽공예 모임, 마라톤 동호회, 심리학 독서회, 명상 모임 등 오티움 공동체는 오티움 활동 자체가 모임의 중심이다. 실력 있는 사람들이 모임을 이끌게 된다. 그렇다고 일방적으로 가르치고 배우는 수직적 관계라기보다 함께 배우고 활동하는 수평적 관계에 가깝다. 운영자 역시 예외는 아니다. 아무리 오티움 활동을 오래한 사람들이라도 모임을 하지 않았다면 결코 배울 수 없었던 것을 모임을 통해 배운다. 어쩌면 모임에서 가장 많이 배우고 실력이 늘어나는 사람은 운영자일 수 있다. 그렇기에 오티움 공동체에서는 모두 다 성장한다. 그리고 모임에서 차별은 최소화된다. 나이, 성별, 지위 등 개인 신상을 별로 중요하게 여기지 않고 궁금해하지도 않는다. 나이는 적지만 얼마든지 오티움 활동에서는 선배가 될 수 있다. 그렇기에 오티움 공동체에서 '나'라는 개별성은 억압되기는커녕 오히려 펼쳐진다. 자신의 실력과 취향이 심화되면서도 친밀해지는 것! 그것이 바로 오티움 공동체다.

4
오티움은 어떻게 직업이 될까?

취미가 일이 되면 어떨까? 많은 사람은 취미가 일이 되는 순간 더 이상 취미가 아니라 일일뿐이라고 이야기한다. 정말 다 그럴까? 자신이 좋아하는 취미로서의 재미도 살리면서 경제적 도움을 얻는 것은 양립할 수 없을까? 물론 취미와 같은 오티움 활동이 꼭 직업으로 전환되어야 할 필요는 없다. 그러나 주변에서 보면 자연스럽게 취미 활동이 부업이나 주업이 되는 경우도 많이 볼 수 있다. 물론 그중에는 일이 되고나서 취미의 기쁨을 잃어버린 사람들도 있지만 나름 일과 취미의 균형을 잘 맞춰가는 이들도 있다. 일은 일이고 취미는 취미일 뿐이라는 이분법을 고수할 필요는 없다. 일로의 전환이 오티움 발달의 자연스러운 경로는 아니라고 하더라도 얼마든지 가능한 일이다. 아마추어는 평생 아마추어로만 살아야 되는 법이 어디 있는가! 누군가는 좋아하는 활동을 일로 만들지 말라고 하지만, 반대로 좋아하는 활동이 일이 되어가는 과정 또한 또 하나의 즐거움이고 의미 있는 활동이 될 수 있다.

여가 활동은 왜 일이 돼서는 안 되는가?
———

내적동기에 기반을 둔 활동이라고 해서 외적보상이 없어야 한다는 것은 너무나 기계적인 생각이다. 과거에는 취미와 일의 구분이 좀 더 명확했다면 지금은 그렇지 않다. 우선 경제가 달라졌다. 일의 불안정성과 변동성이 너무 심해졌다. 자신의 의사와 상관없이 우리는 여러 가지 일을 할 수밖에 없는 상황이 되었다. 그에 따라 창업의 문턱 또한 과거보다 많이 낮아졌다. 인터넷 기반의 무점포 창업, 경영지원 소프트웨어 등 각종 IT 기술의 발달, 국가 차원의 창업지원, 공유경제 등 여러 가지 측면에서 창업 환경이 좋아졌다. 무엇보다 중요한 것은 깊이 있는 취미 활동을 하는 이들이 많아졌다는 사실이다. 이들은 직업적 전문가의 수준에 도달하거나 이를 웃돌 정도의 실력을 갖추었기에 새로운 수요나 시장을 창출할 능력을 가지고 있다. 그렇기에 취미 활동이 비즈니스로 넘어가는 사례를 찾는 건 어렵지 않다.

아이의 아토피를 치료하기 위해 천연비누 공예에 빠져들었다가 수제비누 회사를 만든 이도 있고, 회사를 다니며 춤을 배우다가 아예 댄서로 직업을 바꾼 사람도 있고, 평일에는 회사를 다니고 주말에는 캘리그래피를 가르치는 사람도 있고, 반려동물 옷을 직접 만들다가 부업으로 인터넷 쇼핑몰을 만드는 경우도 있다. 그래서 요즘에는 자신이 좋아하는 취미를 사업으로 발전시켜나가는 사람들을 일컫는 말이 생겨날 정도다.

바로 '하비프러너hobby-preneur'다. 이들 중에는 아예 전업으로 하는 경우도 있지만 두 개 이상의 여러 일을 하는 이들도 있다. 그리고 창업을 하는 경우도 있지만 프리랜서나 조직에 소속되어 파트타임으로 일을 하는 경우도 많다.

물론 능동적 여가가 일이 되는 순간 여가의 의미가 훼손되는 경우도 많다. 예를 들어, 커피 애호가가 직장을 그만두고 커피전문점을 창업하거나 비즈공예를 취미로 하던 사람이 공방을 내어 공예품을 팔고 수강생을 모집한다고 해보자. 내적동기와 과정으로서의 기쁨이 여가 활동의 본질이었는데 일이 되는 순간 고객의 요청을 반영해야 하고, 현실적인 문제를 해결해갈 만큼의 수익을 창출해야 하는 압박을 받게 된다. 그러다 보면 그 순수성이 훼손될 수도 있다. 좋은 품질의 원두로 맛있는 커피를 제공하고 싶지만 정작 이용자는 가성비를 중요하게 여긴다면 결국 고객의 취향에 따라갈 수밖에 없을 것이다. 공예도 마찬가지다. 내가 만들고 싶을 때, 만들고 싶은 것을 만들어야 하는데 어느 순간부터 내가 싫더라도 고객이 원하는 것을 만들게 되면 고욕이 될 수밖에 없다. 좋아하던 취미가 지긋지긋한 일이 되는 것은 순식간일 수 있다. 그렇기에 아무리 전문가의 수준에 도달하더라도 끝까지 아마추어로서 영역을 고수하는 이들이 있다. 아예 확실히 선을 긋는 경우다.

다만 좀 더 유연한 방식이 있을 수 있다는 것도 고려해보자. 목공예를 하는 경훈 씨(38세)의 경우를 보자. 그의 직업은 프로그래머다. 그는 목공의 취미가 이미 전문가 수준에 도달할 정도로 각종 공구를 갖춘 작은 작업실을 두고 있다. 그러나 이 운영비는 기본적으로 자신의 일에서 충당한다. 그의 집 가구는 거의 모두 자신의 손으로 만든 것이다. 사업자등록을 가지고 있으며 자신의 작품을 팔기도 한다. 그런데 쇼핑몰을 운영하지 않고 일절 홍보도 하지 않는다. 가장 중요한 점은 주문 제작을 하지 않는다는 것이다. 그냥 자신이 만들고 싶은 것을 만들고 작품을 둘 곳이 없으면 판매용으로 블로그에 올린다. 원하는 사람이 있다면 자신이 정해놓은 기준에 따라 판매를 한다. 물론 나중에는 좀 더 일 쪽으로 기울어질 수 있지만 아직까지는 일과 취미의 균형을 맞추고 있다.

자연스러운 직업전환

사실 이 장을 쓸지 말지 고민이 되었다. 오티움이라는 순수한 활동이 퇴색되지 않을까 하는 염려 때문이었다. 그러나 인터뷰 과정에서 많은 사람이 이를 고민하고 있음을 알게 되었다. 자세히 다룰 필요는 없지만 간단히 언급하는 게 좋을 것 같았다. 사실 직업 전환이라는 고민은 우리 모두가 풀어가야 할 당면 과제라고 할 수 있다. 길어진 인생을 하나의 직업으로는 살아갈 수 없기 때문이다. 평생직장뿐 아니라 평생직업이라는 말도 사라진 지 오래다. 우리는 자신의 의사와 상관없이 50년 이상을 일해야 하며, 누구나 제2의, 제3의 직업으로 전환해야 한다. 그러나 그 전환은 정말 쉽지 않다. 퇴직이 예고되었음에도 어떤 준비도 못 한 채 사회에 나오는 경우도 허다하다. 그렇다 보니 자신의 취향이나 적성과 전혀 상관없는 자격증 시험을 준비하거나 별다른 경험 없이 창업에 뛰어드는 경우도 많다. 그런 현실을 감안하면 여가 활동이 직업으로 전환되는 건 꽤 괜찮은 직업전환의 방식이 아닐 수 없다. 물론 봉사나 영성의 테마처럼 쉽지 않은 경우도 있지만, 많은 여가 활동은 직업으로의 전환이 가능하다. 그렇다면 어떻게 여가 활동은 일이 될 수 있을까? 여기에서는 처음부터 일을 목적으로 여가 활동을 시작한 사람이 아니라 여가 활동으로 시작했다가 일로 넘어간 경우를 말한다. 그 경로를 살펴보자.

첫 번째는 주위 사람들의 요청에 의해서다. 가장 자연스럽다. 예를 들어, 어떤 사람은 취미로 색소폰을 배워 수준급 연주를 하게 되었는데 주위에서 자꾸 연주 부탁을 받는 것이다. 그 과정에서 자연스럽게 사례비를 받게 되면서 색소폰 연주는 오티움이면서 동시에 부업이 된다. 또 미술 감상이 오티움 활동인데 주위에서 강의 부탁을 받거나 공부 모임을 개설해달라는 요청을 받고 자연스럽게 경제적인 수입이 생겨날 수 있다. 물론 이러한 경험이 일회성에 그칠 수 있지만 반응이 좋다면 계속 이어질 수도 있다. 이 또한 실력 향상에 중요한 계기가 된다. 그동안은 자신만 좋으면 그만이었지만 이제는 다른 사람들의 관점에서 자신의 활동을 바라보고 자신의 경험을 어떻게 전달할 수 있을지를 진지하게 고민하고 부족한 부분을 메꿔가는 과정이 되기 때문이다.

두 번째는 자격증을 취득해서다. 오티움 활동 중에는 취미와 일의 경계로서 자격증이 존재하는 경우가 많다. 처음에는 당연히 직업으로 전환하기 위해서라기보다 자신의 실력을 심화시켜가는 하나의 단계로 자격증을 취득하는 경우도 있다. 그렇기에 자격증을 취득하고 난 뒤로도 여전히 취미 활동으로 머무는 이들이 많다. 다만 시중에는 취미 활동에 자격증을 부여하는 민간단체들이 많기에 제대로 된 자격을 갖추지 않았거나 관리가 잘되지 않는 곳이 꽤 있다. 자격증을 남발하는 곳은 주의해야 한다. 어떤 이들은 민간자격증을 따는 것보다는 좀 더 제대로 공부를 해보고 싶은 마음이 생길 수도 있다. 이럴 경우에는 대학원에 진학하는 경우도 있다. 관련 분야의 대학원이나 연구원 과정에 들어가 자신의 관심사를 더욱더 깊이 있게 연구하고 심화시켜가고자 한다. 이렇게 자격증이나 학위를 취득한 후 어떤 사람들은 여가 활동에서 직업으로의 전환을 꾀하기도 한다.

세 번째는 소셜미디어를 통해서다. 많은 사람들이 자신의 오티움 활동을 글이나 사진 혹은 동영상으로 기록하고 표현한다. 개인적으로 검토하고 기록을 남기기 위해서이기도 하지만 자신의 콘텐츠를 보다 많은 사람과 공유하고 싶어서다. 실제 오티움 활동을 하는 이들의 소셜미디어는 무엇을 좋아하는 사람인지 그 개성이 잘 드러나고 비슷한 관심사를 가진 사람들과 네트워킹이 잘 이루어진다. 오티움 활동가들은 자신의 인스타그램, 페이스북, 블로그, 유튜브 등에 자신의 글, 그림, 춤, 공예, 악기 연주, 요리, 묵상 등 오티움 활동 내용을 올린다. 그 과정에서 기쁨은 배가 된다. 자신의 기쁨이 다른 사람의 기쁨으로 확산되기 때문이다. 종이접기를 보고 누군가 따라 만들 수 있고, 피아노 연주를 보고 누군가 다시 피아노 앞에 앉을 수 있고, 아침 명상을 보며 누군가 동참할 수도 있다. 이로 인해 실력은 더욱 늘어나고 소셜미디어의 콘텐츠와 영향력은 점점 커진다. 수입을 바라고 한 활동이 아니지만 자연스럽게 광고 수입이 생기거나 강의나 프로그램 진행 제안을 받거나 출판 제안을 받는 경우도 심심치 않게 생겨난다. 학위나 자격증이 없다고 하더라도 그 분야의 전문가로 인정받는 계기가 되는 것이다.

네 번째는 중개회사를 통해서다. 능동적 여가 활동에 대한 사람들의 수요가 많아지고 그 욕구가 다양해짐에 따라 새로운 시장이

형성되고 있다. 감상이나 구경을 넘어 직접 체험할 수 있는 다양한 여가 활동 상품들이 생겨나고 있는 것이다. 이는 순수한 동호회 활동과 달리 비용을 지불하지만 보다 손쉽고 친절하게 능동적 여가의 세계를 체험할 수 있도록 도와준다. 그뿐만 아니라 수준 높은 오티움 활동가들이 취미를 일로 전환할 수 있는 기회가 되고 있다. 최근에는 이렇게 능동적 여가 활동을 원하는 소비자와 전문적인 취미 활동가를 연결해주는 회사가 늘어나고 있다. 대표적으로 소셜 액티비티 플래폼을 표방하는 '프립', 유료 회원제 독서클럽 '트레바리', 자신의 거실을 개방하여 다른 사람들과 취향을 공유하는 '남의집 프로젝트' 등이 대표적이다. 이런 곳은 회사에서 섭외한 전문직업인이 아마추어들을 위한 취미 활동 프로그램을 진행하기도 하지만 전문적인 취미 활동가가 프로그램을 맡는 경우도 많다. '프립'의 경우 사람들을 모아 모임을 진행하는 전문 취미 활동가를 '호스트'라고 부르는데 2019년 12월 기준 8000여 명이 넘는 호스트가 등록되어 있다. 그리고 취미 활동뿐 아니라 다양한 재능을 가진 사람들과 소비자를 연결해주는 회사들도 늘어나고 있다. 이러한 '재능 연결 플랫폼회사'들 역시 오티움 활동가들이 전문직업인으로 성장하기 위한 좋은 공간이다. 대표적으로 '숨고', '탈잉', '클래스101' 등이 있다.

이상에서 살펴본 것처럼 이전 시대와 다르게 이 시대의 취미는 일과의 경계가 점점 더 모호해지고 있다. 그리고 일정 정도의 수준에 오른 오티움 활동가들은 마음만 있다면 얼마든지 경제적 활동을 할 수 있는 기회가 많아지고 있다. 그렇기에 오티움 활동을 하다 보면 진지하게 취미와 일 사이에서 고민해야 할 때가 찾아온다. 물론 정답은 없다. 계속 아마추어의 영역에서 순수한 취미 활동을 즐겨도 되고, 그 단계를 넘어 프로의 영역으로 진입해도 된다. 그 전환의 과정은 서서히 변화되어가는 것이지만 때로는 좀 더 명료한 자기 선언과 결심이 필요할 수도 있다.

진짜 오티움이라면 잠깐 쉰다고 해서
영원히 쉬게 되는 것은 아니다.
내 영혼에 기쁨을 주는 오티움은 그 불꽃이
사그라질 수는 있지만 불씨마저 꺼지지 않는다.
한동안 잊고 지냈더라도
시간이 지나면 다시 타오르게 된다.
그것이 오티움이다.

우리는 인생의 정원사입니다

지난 몇 년 동안 오티움을 주제로 많은 사람을 만났다. 그들에게
여가는 삶의 정원이었고, 그들은 인생의 정원사life gardener였다. 각
자 짊어지고 있는 삶의 무게에도 불구하고 자신의 정원을 아름답
게 가꾸는 사람들이었다. 그리고 그 아름다운 정원으로 인해 삶의
고단함을 위로받고 삶의 기쁨을 맛보고 있었다.

> 수천 번도 더 잘린 나뭇가지에서
> 나는 끈질기게 새잎을 내민다.
> 아무리 고통스러워도 꿋꿋이 나는
> 이 미친 세상을 사랑하고 있다.

이는 헤르만 헤세가 쓴 〈가지가 잘린 떡갈나무〉라는 시의 일부

다. 헤세는 거주지를 옮길 때마다 손수 정원을 만들고 가꾸었다. 생명이 움트는 신비에서부터 꽃이 피어나고 열매를 맺는 환희와 흙으로 돌아가는 순환의 엄숙함까지 늘 자연과 함께하는 가운데 그의 작품이 탄생했다. 그리고 조국 독일의 침략전쟁을 반대하느라 매국노로 몰려 고독한 시간을 보낼 때도 가드닝은 그를 위로해주고 평화를 지켜나가는 힘이 되어주었다. 이런 가드닝이야말로 헤세의 오티움이었으리라.

나는 오랜 시간 동안 행복을 너무 진지하게 생각했었다. 그러다가 2014년도에 안식년 여행을 거치면서 행복이란 아주 간명한 것임을 깨닫게 되었다. 내 영혼을 기쁘게 하는 활동이 바로 행복이었다. 대자연 속에서 여행하는 내내 나는 살아 숨 쉬고 있음을 느꼈다. 그러나 마냥 여행만 다닐 수는 없었다. 일상의 행복을 찾아야 했다. 나는 일상에서 무엇을 할 때 내가 기쁨을 느끼는지를 유심히 관찰했다. 탐색과 실험이 이어졌다. 그중에서 지금까지 꾸준히 이어가고 있는 것은 걷기와 미술 감상 두 가지다. 걷기는 그냥 걷는 것이 아니라 몸의 감각을 깨우고 자연과 교감하며 걷는다. 이를 '치유 걷기'라는 프로그램으로 만들어 사람들과 함께 걷고 있다. 미술 감상과 미술 공부도 내 일상에 잔잔한 기쁨을 준다. 덕분에 내 삶의 정원도 조금씩 풍요로워지고 있다. 당신의 정원은 어떤가? 나는 당신도 삶의 정원에 좋아하는 꽃씨와 묘목을 심기를 바란다. 이 세상에 내가 길러낸 꽃 한 송이, 나무 한 그루 정도는 있어야 하지 않을까. 내가 길러낸 화초에 꽃이 피고 내가 키운 나무에 열매가 맺는 것을 떠올려보라. 그 정원에 풀벌레가 자라고 새들이 날아오는 것을 상상해보라. 삶은 훨씬 살 만한 것이 되지 않겠는가. 그것이 행복이 아니면 무엇이 행복이란 말인가!

물론 한 그루의 나무를 온전히 길러내는 것은 쉬운 일이 아니다. 부지런해야 하며 정성을 쏟아야 하는 일이다. 그렇기에 오티움은 '난지행難持幸', 즉 '난이도가 있지만 지속적인 행복'이다. 노력과 불편을 거치고 얻은 것이기에 그 행복은 값지고 오래간다. 나는 이 책을 통해 오늘도 먼 곳에서 행복을 찾고 있는 당신을 일상의 작은 행복으로 안내하고 싶었고, 개인화된 시대에 여전히 균일적인 삶을 벗어나지 못하는 당신에게 좀 더 자기다운 삶을 살아가도록 돕고 싶었다. 부디 이 책이 현실을 덮어버리는 가짜 위안이 아니라 현실을 헤쳐나가는 진짜 위안이 되었으면 좋겠다.

마지막으로 이 책이 만들어지도록 도움을 주신 모든 분께 감사를 드리고 싶다. 먼저 이 주제의 글을 보고 출간 제안을 준 윤서진 님께 감사드린다. 또한 긴 시간 동안 이 책을 함께 만들어준 선세영 편집자와 위즈덤하우스 출판사에 깊은 감사를 드린다. 출판사는 조바심을 내지 않았다. 보다 많은 사람의 이야기를 담도록 자리를 마련해주고 기록해주며 오랜 시간 함께 책을 만들어주었다. 그리고 책을 쓰는 내내 어머니께 감사한 마음이 들었다. 3년 전 어느 날 어머니에게서 전화가 왔다. 떨리는 목소리로 단편영화에 조연 배우로 출연하게 되었다는 소식을 알려오셨다. 당시 어머니 나이 79세 때의 일이다. 그날뿐이 아니다. 어머니는 평생 고단한 삶 속에서도 오티움 활동들로 기쁨을 누려오셨다. 이 책을 쓰는 동안 어머니의 삶의 태도가 얼마나 내 삶의 큰 자산이 되었는지를 새삼 느낄 수 있었다. 그리고 책이 나오기 전에 내용을 검토하고 좋은 제안을 주신 독자기획단 분들이 있다. 좋은 영감과 큰 힘을 주었다. 끝으로 오티움 인터뷰에 응해준 분들께 다시 한번 깊은 감사를 드린다. 그분들 덕분에 이 책은 생명력을 갖추었다. 수많은 냇물이 모여 강이 되듯 이 책은 많은 사람의 기쁨이 모여 오티움이라는 강이 되었다. 당신의 기쁨도 이 강물에 합류하여 바다로 함께 흘러갔으면 좋겠다.

독자기획단으로서 인터뷰어로서 이 책을 함께 만들어주신 강은하, 고연수, 공진영, 권민희, 김영태, 김예림, 김지연, 김지윤, 김진선, 김현정, 남윤희, 류수민, 문화라, 박두열, 박민정, 박예나, 박은지, 배혜은, 백수연, 변주경, 부서윤, 서원익, 서현미, 소문희, 손경호, 손서윤, 송희정, 신은희, 신재철, 신혜경, 유연정, 유진영, 윤아라, 이선영, 이수정, 이재영, 정미향, 정승훈, 조경훈, 주은영, 최은지, 최현주, 한아름, 허성호, 홍수진, 황미정, 황초희 님에게 깊은 감사를 전합니다.

살아갈 힘을 주는 나만의 휴식

오티움

초판 1쇄 발행 2020년 7월 2일 **초판 12쇄 발행** 2024년 6월 12일

지은이 문요한
펴낸이 최순영

출판1 본부장 한수미
와이즈 팀장 장보라
책임편집 선세영
디자인 윤정아
일러스트 임수현(@suhyun_illust)

펴낸곳 ㈜위즈덤하우스 **출판등록** 2000년 5월 23일 제13-1071호
주소 서울특별시 마포구 양화로 19 합정오피스빌딩 17층
전화 02) 2179-5600 **홈페이지** www.wisdomhouse.co.kr

ⓒ 문요한, 2020

ISBN 979-11-90908-10-8 03180